超カリスマ投資系YouTuberが教える

ゴールド投資

リスクを冒さずお金持ちになれる方法

高橋ダン

［執筆協力］
伊達直太

ダイヤモンド社

Gold is the Answer!
金が答えだ

　本書のテーマはゴールド（金）です。

　最初から最後までゴールド投資についてまとめた、世界で
もっともわかりやすいゴールド投資の専門書だと自負していま
す。

「なんで金なの？」
「投資なら、株やFXなどほかにも重要な商品があるでしょう？」

　そんな声が聞こえてきそうですが、ここには明確な理由があり
ます。

　金は、日本人のみなさんの注目度が低いにもかかわらず、
非常に大きな可能性を秘めた投資商品だからです。

　年金制度への不安を抱えていたり、老後の資金不足に悩ん
でいたりする日本人は多いと思いますが、本書のゴールド投資
はあらゆる経済的な問題を解決する最適解になると思っています。

　そのことを伝えるために、一冊丸ごとゴールド投資の本を書こ
うと思ったのです。

少しだけ自己紹介させていただくと、私は20代のころにウォール街の投資銀行で働き、その後、ヘッジファンドを立ち上げました。

　ヘッジファンドを売却したのは30歳のときで、その後、約60ヶ国を旅しながら、2019年に生まれ故郷である日本に来ました。

　その経験を踏まえて思ったことは、規律性に秀でる日本人は他国の人よりもゴールド投資で成功する可能性が高いということ。しかしながら、日本人は他国の人に比べて金の投資への関心が非常に低いということです。

　つまり、ゴールド投資に向いている豊かな才能があり、老後に向けた長期的なお金の不安を対策できるにもかかわらず、そのチャンスを生かしきれていないのです。

　日本は今後、少子高齢化によって経済力が伸び悩みます。

　経済成長が鈍化すれば、従来のように国や会社に守ってもらうことが難しくなります。

　インフレへの対策も必要ですし、コロナショックのような突発的な出来事から資産を守る対策も求められます。

　日本をはじめとする先進国では各国の中央銀行が市場に大量にお金を投入しています。

　歴史的な低金利の状態では銀行にお金を預けても増えませんし、お金の供給量が増えることで、モノに対するお金の価値は下落していきます。

　もしあなたがまだ投資を始めていないのであれば、このまま投資しないままでいることは、あなたの人生にとって大きな機会

損失になるでしょう。

　なぜなら、投資期間が長くなれば長くなるほど、複利効果によって資産が雪だるま式に大きくなっていくからです。

　投資の収益を再投資するというサイクルを繰り返すことで、運用額が膨らんでいき、得られるリターンも大きくなっていきます。

　もちろん、金だけが優れているということではなく、株、債券、不動産、現金なども重要です。

　しかし、資産の分散を考えるうえでは、究極の安全資産ともいえる金を選択肢に含まなければなりません。

　市場のあらゆるデータが「Gold is the Answer!（金が答えだ）」という結論を指し示しているのです。

　前置きはこれくらいにしておきます。

　「なぜ金なのか？」に対する理由から、長期・短期の具体的な投資方法まで、私が知っているゴールド投資の全てをこの本に凝縮しました。

　読み終えるころには、「Gold is the Answer!」の意味が、論理的、かつ体系的に理解できているはずです。

　では、ページをめくり、ゴールド投資の第一歩を踏み出してください。

　豊かなゴールド投資の才能を、豊かな人生に結びつけるために、本書が一助となれば幸いです。

contents

第1章 金に投資する6つの理由

第2章 金とは何なのか?

第3章 金に関する投資商品ベスト7

第4章 長期の投資戦略
ルールを決めて機械的に積立てる

第5章 短期の投資戦略
買い時・売り時のチャートシグナル

金に投資する
6つの理由

1

世界恐慌に備える
最も有力な保険

さっそく本題に入ります。

この章のテーマは「なぜ金を買ったほうがよいのか」です。

金を買ったほうがよい1つ目の理由は、過去に経験したことがないような強烈なクラッシュ（市場崩壊）が起きたときに、資産を守る「保険」になるからです。

「ダンさん、クラッシュなんて起きませんよ（笑）」という人もいることでしょう。

しかし、重要なのは「起きるかどうか」ではありません。

万が一にでも「起きたときにどうなるか」です。

金は暴落に強い

コロナショックを例にすると、アメリカ市場（ダウ平均株価）は1ヶ月ちょっとで40%近く下落し、日本市場（日経平均株価）も約1ヶ月で30%ほど下落しました。

株だけが危ないわけではありません。

特定の商品だけでなく、あらゆる商品が売られ、値下がりするのがクラッシュの特徴です。

実際、コロナショック時も、ハイテク株が投げ捨てられ、割安株がさらに割安になっただけでなく、世界の基軸通貨であるドルが売られ、原油も売られました。

　また、株式相場が下落しているときに資金の避難先になることがあるビットコインも、100万円から40万円台に暴落しました。

　もし、このようなクラッシュが起きたときに、年金暮らしをしていたらどうなるでしょうか。

　多くの人は、退職後に年金だけで生活費をまかなうことができません。

　そのため、手持ちの資産を少しずつ削りながら生活しています。

　暴落は、その生命線ともいえる資産を大きく減らします。

　当然、生活の基盤が揺らぎます。

　現役世代の人もひとごとではありません。

「老後のため」「子供のため」と考えてコツコツ貯めている資産が、たった1回の大きな暴落で消えるかもしれません。

　そのような可能性がゼロではないとするならば、資産を守るための対策も考えておいたほうがよいでしょう。

　その手段が「金を買うこと」です。

　なぜなら、数ある投資商品の中で、金がクラッシュに強いことは歴史的に証明されているからです。

わずか1ヶ月で回復

　コロナショック以降のダウ平均株価を見るとわかるように、株価が暴落前の水準まで戻ったのは半年後でした。
　これは過去のクラッシュと比べてかなり早いほうだといえます。
　「100年に一度」といわれたリーマンショックのときは、ダウ平均株価も日経平均株価も、暴落以前の水準に戻るまで5年くらいの時間がかかりました。

○コロナショック後のダウ平均株価

NYダウは約半年かかって、
コロナショック前の水準に

● 出所:TradingView — *https://jp.tradingview.com/*

株価暴落の中で、金価格はどう動いたのでしょうか。

同期間のチャートを見ると、金はクラッシュ時に一瞬だけ価格が下がりますが、1ヶ月ほどでショック前の水準に戻っています。

○ コロナショック後の金価格

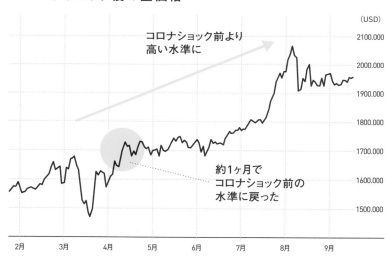

コロナショック前より
高い水準に

約1ヶ月で
コロナショック前の
水準に戻った

（USD）
2100.000
2000.000
1900.000
1800.000
1700.000
1600.000
1500.000

2月　3月　4月　5月　6月　7月　8月　9月

● 出所:TradingView — *https://jp.tradingview.com/*

前述の通り、株価が戻ったのは半年後です。金は1ヶ月です。

しかも、暴落前の水準に回復しただけでなく、株価が戻ったコロナショックから半年後の時点では、金は暴落前よりも2割ほど値上がりしています。

○ リーマンショック後のダウ平均株価

2008年9月
リーマン・ブラザーズ破綻

数年かけて
リーマンショック以前の水準に

(USD)

○ リーマンショック後の金価格

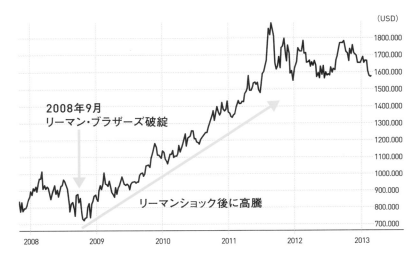

2008年9月
リーマン・ブラザーズ破綻

リーマンショック後に高騰

(USD)

● 出所:TradingView — *https://jp.tradingview.com/*

同じことは、リーマンショックのときも起きました。ドル建ての金価格を見てみると、リーマンショック前の金価格は900ドルでしたが、そこから急騰し、2011年に1800ドルまで上がっています。

　「有事の金買い」という言葉がある通り、市場が荒れると金は値上がりする傾向があります。

　大きなクラッシュに巻き込まれて株などの資産が減ったとしても、金を持っていれば値上がり益が生まれ、損失を相殺することができるわけです。

　ちなみに、金は市場で取引できるメジャーな貴金属の1つで、同じ貴金属類には、銀、プラチナ、パラジウムなどがあります。

　これら貴金属の値動きと比べても、金が最もクラッシュに強い資産です。

───◯　回復まで25年かかることもある

　コロナショックを経験したことで、市場が案外、簡単にクラッシュするのだと実感した人は多いでしょう。

　次のショックがいつ起きるかはわかりません。私はそう遠くない未来に起きると思います。

　また、コロナショックやリーマンショックよりも大きなクラッシュが起きる可能性も十分にあると考えています。

　その根拠は2つあります。

　1つは、歴史的にも確率的にも統計的にも、大きなクラッシ

ュが定期的に起きていることです。

　経済学や相場の世界では、7 年から 8 年くらいのサイクルで中規模のクラッシュが起きると考えられています。

　私の考えでは、コロナショックはこのタイプのクラッシュです。

　また、中規模なクラッシュとは別に、50 〜 70 年くらいのサイクルで大きなクラッシュが起きるとも考えられています。

　現役世代で 50 〜 70 年前のことを知っている人は少ないでしょう。

　それはつまり、次に起きるクラッシュは、過去に「経験したことがない」強烈なクラッシュになるかもしれないということです。

　大きなクラッシュの例としてわかりやすいのは、1930 年代のアメリカで起きた大恐慌でしょう。

　大恐慌のきっかけは 1929 年に起きた NY 市場の株価大暴落（10 月 24 日。通称「暗黒の木曜日」「ブラックサーズデー」）でした。

　暴落前のダウ平均株価は 300 ドル台後半でしたが、翌月には 200 ドル台まで下落しました。

　1 日の下落率は 10% 少々でしたが、翌日や翌週の市場でも株価は崩れ続け、この暴落によってアメリカの国家予算の 10 年分ものお金が市場で消えたといわれています。

　その後、株価はいったん底打ちしますが、再び下落して、約 3 年間にわたってひたすら下落し続けます。

　最終的に底打ちしたのは 1932 年で、このときの株価は 41 ドルでした。

○ 大恐慌の時のダウ平均株価

（USD）

出所：Macrotrends —— *https://www.macrotrends.net/*

　暴落前の高値と比べて、約10分の1まで下がったのです。

　しかも、そこからすぐに株価が回復したわけではありません。

　暴落前の株価水準（300ドル台後半）まで回復したのは、ブラックサーズデーから25年後の1954年です。

　リーマンショック後の株価回復までは5年かかったと書きましたが、恐慌と名がつくような大暴落の場合は、株価が回復するまで10年、20年といった時間がかかることもあるのです。

靴磨きの少年

　ちなみに、投資の世界で有名な「靴磨きの少年」の逸話も大

恐慌のころの話です。

　登場人物は、のちのアメリカ大統領になるジョン・F・ケネディの父親、ジョセフ・P・ケネディです。

　ケネディは、暴落直前まで続いていた株価のバブルで資産を順調に増やしていました。

　しかし、暴落の前年である1928年の冬、オフィスに向かう途中で靴磨きの少年に靴を磨いてもらったところ、その少年が株の話をします。

「どこどこの株がおすすめだよ。おじさんも買ったらどうだい」

　そんなことを言ったわけです。

　これを聞いて、ケネディは市場のクラッシュを予感したといいます。

　株価は新たな買い手がいなければ上がりません。

　株式投資と縁遠いはずの少年までが株に興味を持つということは、この先、新たに株を買う人はすでに少なくなっているはずです。

　そう考えて持ち株を全て売り、それから数ヶ月後にやってくる大恐慌を無事に回避できた、という話です。

　状況としては2017年から18年にかけてのビットコインバブルに似ているかもしれません。

　2017年末に1BTC（ビットコイン）が200万円を超えたとき、世の中はビットコインや仮想通貨の話題で持ちきりでした。

　それまで投資をしたことがない人も参加し、大相場に発展していました。

その後、ビットコインの価格は1年間以上かけて下がり続け、ピークの5分の1以下となる40万円まで下がることになったのです。

　ビットコインを長期的に投資することは批判しませんが、みなさんが投資する際には、価格変動が大きな資産であることを理解し、十分に気を付けるべきかと思います。

── ◯ 　負債のレベルが極めて高い

　話を戻しましょう。

　50〜70年くらいのサイクルで大きなクラッシュが起きるという論を踏まえるなら、すでにその期間が過ぎています。

　言い方を変えると、状況的には、いつ大恐慌のような暴落が起きてもおかしくないということです。

　なかには、1987年の大暴落（通称「暗黒の月曜日」「ブラックマンデー」）や「100年に一度」といわれたリーマンショック（2008年）がそれだったのではないかと考える人もいると思います。

　1929年の大恐慌から数えると、ブラックマンデーはだいたい50年、リーマンショックは80年くらいですから、サイクルとして見るなら合致します。

　いずれかの暴落でガス抜きされ、次の大きなクラッシュが数十年後に先送りされたのであれば、それに越したことはありません。

　ただ、私はその考えには懐疑的です。

　というのも、アメリカを筆頭として国と民間の負債が増え続

けているため、負債の増加によって世界経済がクラッシュする可能性が高まっているのではないかと思うからです。

そう遠くない未来に大きなクラッシュが起きるのではないかと思う2つ目の根拠は、これです。

ウォール街では、私がトレーダーとして仕事をしていたころから「世界経済は世界中の負債によっていつか崩壊する」といわれていました。

負債の増加が単純に悪いことだとはいえません。

重要なのはGDPなどに表れる経済成長率との比率です。

国の経済が成長しているときであれば、設備投資などのためにお金を借り、生産量を増やすことが利益を生みます。

しかし、戦争需要や戦後の復興のためにモノが必要なときや、人口が増えて需要が増加している時期と違い、いまは需要が伸び悩んでいます。

その状態で負債が増えていくのは望ましくないのです。

実際、大恐慌のときも、クラッシュが起きた背景に国内需要の低下がありました。

当時は第一次世界大戦の影響によって欧州先進国の生産力が低い状態でした。

一方のアメリカは、戦場にならなかったこと、ベビーブームによる住宅需要などの拡大、戦中から続いていた欧州諸国に向けた輸出などが追い風となって成長していました。

戦争が終わってしばらくすると、需要が落ち着き、国内の需要と購買力も低下します。

しかし、株式市場は株ブームで過熱状態が続きました。

この差が大きくなり、「需要（実体経済）と株価が紐づいていないのではないか」と気がついた投資家たちが株を売り始め、大恐慌の引き金を引くことになったわけです。

　アメリカの負債額（公的と民間）の対GDP比は、大恐慌に向けて大きくなっていきました。そして、大恐慌を経てこの数値は一気に下がっていきます。国が再び成長力を取り戻し、成長力に見合った負債額に落ち着いたのです。

　一方、ブラックマンデーやリーマンショック後はそのような傾向が見られず、多少の上下はありつつも、負債の比率が一方的に上がっています。

◦ **アメリカの公的負債と民間負債の対GDP比**

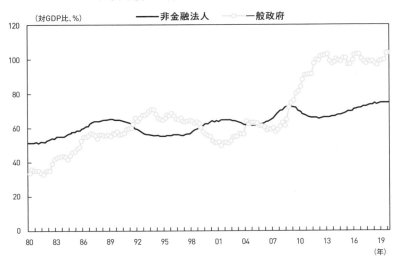

● 出所:大和総研「コロナ禍による過剰債務リスク」2020年5月26日

このチャートを見る限りでは、多くのウォール街の住民が心配する「負債起因のクラッシュ」が起きるリスクは高く、リーマンショックを凌ぐくらい大きなクラッシュが起きる可能性があるといえます。

　そう考えるなら「クラッシュなんて起きませんよ」と笑っている場合ではありません。

　クラッシュ時の保険として金を買っておく意味と意義は十分にあるのです。

2 インフレリスクに備える

金を買ったほうがよい2つ目の理由は、「インフレリスクの備え」になるからです。

「暴落対策なら現金が最強」

そう考える人もいるでしょう。

たしかに現金はもっともリスクが小さい資産です。

クラッシュから資産を守る方法としても、株などの投資商品を現金化するのがもっとも安全性が高い方法だと思います。

ただし、問題が2つあります。

1つは、現金として保有していてもお金は増えないことです。

周知の通り、日本をはじめとする先進国は低金利またはゼロ金利政策です。そのため、銀行にお金を預けても全くといってよいほど増えません。

月々の給料で資産がつくれるのであればよいのですが、ほとんどの人が老後資金に不安を感じているのが実態です。

今後、金利が3%、5%と上がれば問題解決ですし、それならわざわざリスクをとって投資に挑む必要性も低くなりますが、おそらく金利が劇的に上がる未来はやってこないでしょう。

仮に金利が上がったとしても、物価がそれ以上に上がれば生活レベルは苦しくなります。

それが現金の2つ目の問題で、インフレ（インフレーション）に弱いという点です。

インフレは、簡単にいえばモノの価値が上がり、お金の価値が下がることです。

仮に手元に1億円あり「この先30年の生活費は安泰だ」と思ったとしても、物価が2倍になれば15年でお金が無くなる可能性もありますし、3倍になれば10年しかもたないかもしれません。

30年もインフレが起こらなかった 珍しい国

では、日本がこれからインフレに向かう可能性はどれくらいあるのでしょうか。

これも既知だと思いますが、日本は過去約30年にわたってほとんどインフレを経験していません。

余談ですが、私は小学生のころに日本で暮らしていたことがあります。

そのときに大好きだったお菓子が「グミ」です。

当時、確か1袋100円くらいだったと思います。

その後、アメリカへ行き、大学を卒業し、ウォール街で働き、世界を転々とし、2019年に日本に戻りました。

久しぶりにスーパーマーケットで「グミ」の値段を見てみたら、当時と同じ1袋100円でした。

グミだけですべては語れませんが、これだけ長期間にわたっ

てインフレがない国は世界的にかなり珍しいといえます。

　インフレを経験していなければ、「現金の価値が下がる」という意識を持ちにくいので、日本人が投資より預金を好むのもうなずけます。

　投資する必要性を感じにくいのも、「現金が一番安全」と思ってしまうのも、約30年に及ぶインフレが起こらなかった期間のなかで醸成されてきた国民性であり、マインドセットなのだと思います。

投資をしないことがリスクになる

　ここで考えたいのは、30年間にわたってインフレが起こらなかったからといって、今後も同じ状況が続くとは限らないということです。

　インフレのリスクに備えるためには、現金の一部をモノに替えておく必要があります。

　モノとは、インフレのときに値上がりしやすい、株、不動産、貴金属などです。

　インフレによって現金の価値が下がっても、インフレで価値が上がる株などを持っていれば、資産総額は維持しやすくなります。

　ただし、インフレで値上がりが期待できる投資商品の中でも、私が勧めたいのは、やはり金です。

　というのも、株や不動産は景気の影響を受けるため、インフ

レリスクの対策にはなりますが、その一方で景気変動のリスクを取らなければならなくなるためです。

────◯ 不況とインフレの両方を警戒

インフレと景気は基本的には連動する傾向があります。

ただし、必ず連動するわけではありません。

インフレには2種類あります。

1つは、景気が良くなり、給料が上がり、需要が増え、生産量が増え、物価が上がっていくタイプのインフレです。

これは景気が良いときに起きるわけですので、物価が上がっても生活、家計、経営への影響は小さくおさまります。

もう1つは、景気が変わらず、需要が増えていない状態で、生産コストなどが上がり、物価が上がるインフレです。

これは景気の良し悪しに関係なく起きることがあり、景気が低迷しているときや後退しているときに起きることによって生活負担が大きくなることもあります。これをスタグフレーションといいます。景気停滞を意味するスタグネーションと、インフレーションを組み合わせた言葉です。

日本の場合は、原油価格の高騰で物価が急騰した1970年代のオイルショックがその例といえます。

原油価格が上がり、物価も上がったことで、それまで続いてきた高度経済成長期が終わりました。

このとき、インフレに強いといわれている株がどうなったかというと、経済活動が伸び悩むようになり、株価が下落しまし

○ 日本のインフレ率

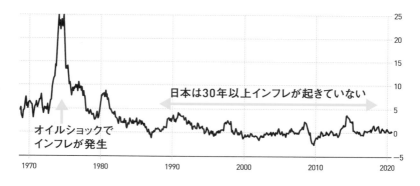

● 出所:Trading Economics — *https://tradingeconomics.com/*

た。

　インフレに強いという性質はあるものの、景気の悪化にも強く影響を受けるため、結果として物価上昇の保険にならなかったのです。

　一方、このときの金価格は堅調で、急なインフレと株価低迷が追い風となって急上昇しました。

　また、1978年12月にはイラン革命がきっかけとなって第二次オイルショックが発生し、翌年末にはソ連軍のアフガニスタン侵攻によってアメリカとの関係が冷え込み、さらに金が買われることになったのです。

　この例からもわかるように、金はインフレリスクの対策になるだけでなく、株や不動産のように不況の影響を受けるという弱点がありません。

つまり、市場の影響を受けにくいため長く持つことができ、長く持てるからこそ、いずれ来るかもしれないインフレや、オイルショック時のような突発的なインフレの対策にもなるということなのです。

長期投資ほどインフレリスクへの対策が大事だ

ところで、2019年に「老後資金2000万円」というキーワードが飛び交いました。

金融庁の金融審議会がまとめた報告書の中で、年金暮らしをする一般的な高齢者世帯は、仕事を引退して無職になってから20～30年の期間を生き延びていくために2000万円くらいの貯蓄が必要になる、という話です。

仕事を辞めた高齢者は年金を受け取りますが、多くの人が赤字家計になります。

その分を補塡するために現役時代にある程度の貯蓄をつくっておくことは大切です。

ただし、ここで注意したいのは、2000万円という金額が、いまの物価を踏まえて算出した金額であるということです。

2000万円貯めるのは大変ですが、いまより物価が上がっていれば、2000万円でも足りません。

これがインフレの怖さであり、リスク対策として金を持っておく理由ともいえます。

生命保険や年金についても同じことがいえるでしょう。

仮に自分に保険をかけ、遺された家族が5000万円受け取れ

るようにしておいたとしても、そのときに物価が上がっていれ
ば足りなくなる可能性があります。

「引退したら月々20万円の年金で生活しよう」と考えている
人も、年金を受け取るときに物価が上がっていれば、20万円
では足りなくなるでしょう。

「保険に入れば万一のときでも安心」

「年金があるからとりあえず大丈夫」

　そんなふうに考える人は多いと思います。

　しかし、保険金や年金のように受け取る時期が遠いものは、
インフレリスクを考慮しなければなりません。

　ですので、一部を金への投資に回して、インフレリスクに備
えるほうがよいと、私は思っています。

3

供給量が決まっている
有限の資産

　金を買ったほうがよい3つ目の理由は、供給量の増加によって値下がりする可能性が非常に低いからです。

　投資商品に限りませんが、市場で売買されているモノの価格は需要と供給のバランスによって決まることがほとんどです。

　その構造を表しているのが、価格決定の理論を説明している需要と供給の曲線の図です。

　まずは図の見方を確認しておきましょう。

　グラフの縦軸は価格で、上に上がるほど価格が高いことを表しています。

　グラフの横軸は数量で、右にいくほど数量が多いことを表しています。

　右下がりの曲線は需要曲線で、市場の「買いたい」という気持ちを表し、価格が高いところ（グラフの左上側）では買いたい数量が少なく、安くなる（グラフの右下側）ほど買いたい数量が増えることを示しています。

　また、右上がりの曲線は供給曲線で、市場にモノを提供する作り手や売り手の気持ちを表し、価格が安いところ（グラフの左下側）では売りたい数量が少なく、高くなる（グラフの右上側）ほど、売りたい数量が増えることを示しています。

○ 需要曲線と供給曲線

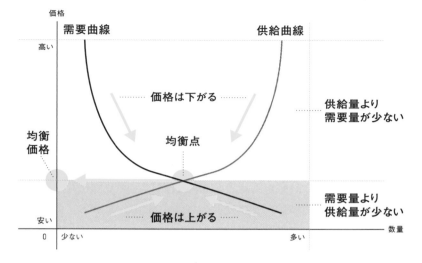

　市場での売買は、この2本の曲線が交わったところで成立します。

　この交点が均衡価格で、市場の「買いたい」と「売りたい」が一致する点を示しています。

　供給量（売りたい量）よりも需要量（買いたい量）が少ないと、商品が売れ残るので市場価格は下がります。

　需要量（買いたい量）よりも供給量（売りたい量）が少ないと、商品が足りなくなるので市場価格は上がります。

供給が増えると価格は下がる

では、供給量に注目して価格がどう変わるか考えてみます。

例えば、図が野菜の価格を表しているとして、豊作でたくさん野菜が取れれば、同じ価格でも供給量が増えるので、供給曲線は右にシフトします。すると、均衡点は右下に移動します。

つまり、野菜の価格が安くなります。

逆に、不作で野菜があまり取れなければ、同じ価格でも供給量が減るので、供給曲線は左にシフトします。すると、均衡点が左上に移動して野菜の価格は高くなります。

この仕組みを投資商品に当てはめると、各商品の価格は「供給量が増えることによって下がる」ということが言えます。

つまり、供給量が増えやすいもの、作って増やせるものほど値下がりリスクが大きくなるということです。

その点を踏まえて投資商品の供給を考えてみると、株は増資という方法によって市場に出回る株を増やすことができます。

国債や社債などの債券も、国や会社の判断で増やすことができます。

現金は、中央銀行が紙幣を印刷しているわけですので増やすことができます。

不動産投資の対象となる土地は増やせません。

ただし、荒地を整備すれば実質的に使える土地は増えます。

土地の面積は決まっていますが、戸建てをマンションにすれ

ば面積が増えるので、供給量を増やせる資産といえるでしょう。

　コモディティ分野では、大豆やトウモロコシなどの農作物は、その時々の天候に影響を受けますが、増やすことは可能です。

　原油は埋蔵量が有限といわれています。人工的に作り出すこともできません。その点では供給が有限の資産といえるでしょう。

　ただ、エネルギー源としての原油という視点から見ると、エネルギー源は原油のほかにも天然ガスなどがありますし、太陽光、地熱、バイオマスなど、新しい技術によって新しいエネルギー源も生まれています。

　原油そのものは有限だったとしても、その他のエネルギー源で供給量を増やせるため、価格が下がるリスクはあるのです。

　ビットコインはブロックチェーンと呼ばれる分散型の取引台帳によって管理されています。

　取引台帳の更新に貢献した人に新規の通貨が発行されますが、発行量の上限は決まっています。

　これは「サトシ・ナカモト」さんの素晴らしいアイデアで、需給の管理という点から見ても美しい仕組みだと思います。

　ただし、これも原油と同じ考え方ができます。

　ビットコイン単独で考える場合はよいのですが、仮想通貨（暗号資産、クリプトカレンシー）全体で見ると、新しいデジタル通貨が続々と誕生し、増え続けています。

　その点から見れば、広義には仮想通貨の供給量も増やせるといえるのです。

金は代替不可能な資源

　さて、このような商品群の中で特殊なのが、金を含む貴金属です。

　なぜなら、金などの貴金属は、地球の地殻から産出する資源であるため、埋蔵量は限られているうえ、原油にとっての太陽光や、ビットコインに対するアルトコインのように、代替できるものもないからです。

　金は、毎年少しずつ鉱山から採掘されているものの、地球上での採掘が厳しくなり、質の高い生産は停滞している状況です。

　技術的には人工の金を作ることができるようですが、作っても採算が合わず、大量に作ることもほとんど不可能です。「錬金術」という言葉があるように、高価な金を作り出すことは多くの人の夢でした。

　技術者、科学者、お金持ちなどがこぞって金作りに取り組みましたし、一説には、万有引力を発見したニュートンも錬金術に熱心だったそうです。

　しかし、どの人の、どんな取り組みも、今のところは不発に終わっています。

　あらゆる人の叡智をもってしても作れないところが金の魅力であり、価値なのです。

　ちなみに、錬金術の取り組みの中で新たな技術が開発されたこともあるため、金は世界の技術発展に貢献したと言えなくもありません。

有限だから安心して持てる

　このような事実が何を表しているかというと、金の供給曲線が左に動くことはあっても、右に大きく動く可能性は少ないということです。

　供給曲線が大幅に右に動かなければ、理論上、価格が大幅に下がることはありません。

　価格が動くとすれば上がる方向に動くでしょう。

　何らかの要因で市場に出回る金が大きく減れば、価格は大きく上がります。

　投資商品はどんなものでも値下がりリスクがありますが、需給のバランスを見れば、金は値下がりリスクが著しく低い商品といえるでしょう。

　現在、世界に存在している採掘された金（地上在庫といいます）は約19万トンで、量に換算すると五輪などで使われる国際基準のプールで約4杯分しかありません。

　人類が数千年の歴史の中で、数万人の労力を費やしても、これだけの量しか採れなかったのです。

　また、地中に埋蔵されたまま未採掘の金もありますが、その量は5万トンほどといわれ、そのほとんどは採掘が非常に難しい場所にあるといわれています。

　作れない、増えない、増やせない、採れないという特徴がある限り、金は買う価値がありますし、安心して持つことができ

ると言えるのではないでしょうか。

　ちなみにこの特性については、銀、プラチナ、パラジウムにも似ているところがあります。

　また、希少性が高く有限という点ではウランなどもこの部類に入りますが、保管が難しく危険であるため、保有に向かず、投資用としては取引されていません。

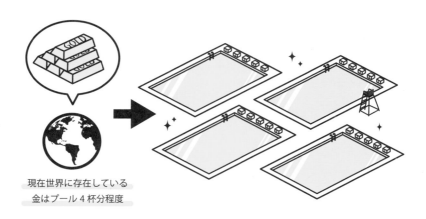

現在世界に存在している
金はプール4杯分程度

4 5000ドルに 値上がりする

　金を買ったほうがよい4つ目の理由は、値上がりする可能性が高いからです。

　金投資に興味を持っている人の多くは、この部分に最も強く関心を持っているでしょう。

　供給量が制限されていることにより、金が値下がりしにくい商品であることは説明したとおりです。

　では、値上がりについてはどうでしょうか。

　私は「5000ドルまで上がる」と考えていますが、その根拠を説明する前に、まずは金価格が動く背景を押さえておきましょう。

　金は、実はあるものと連動して動いています。

　それは、世界の基軸通貨である米ドルです。

金価格と米ドルは逆に動く

　ドルと金価格は、ドルが上がれば金が下がり、ドルが下がれば金が上がる関係で、これを「逆相関」の関係といいます。

　ドルと金価格が逆相関になる理由は、金は貴金属であると同時に、お金の一種としても認識されているからです。

　ドルは世界の基軸通貨ですので、ドルを持つ人はたくさんい

○ 金価格と米ドルは逆相関

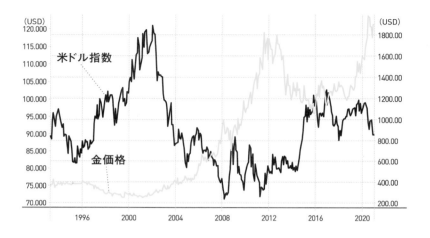

● 出所：TradingView — https://jp.tradingview.com/

ます。

ドルはアメリカのお金ですから、ドルを持つと、おのずとアメリカ経済が不安定になったときにドルが下落するリスクを抱えることになります。

また、金融市場で「アメリカ中央銀行が利下げする」との見方が広まって、ドルが下落することもあります。

このリスク対策となるのが、金です。

金は世界共通の資産であり、特定の国の経済状況に依存していません。わかりやすくいえば、無国籍のお金です。

そのため、ドルやドル建ての資産を多く持っている人は、ドル安のリスク対策として金を買いますし、アメリカ経済が不安

定になったときなどには、ドルを売って金が買われます。この
ような仕組みがあるため、一般的にドルと金が逆の動きをする
のです。

　その一例といえるのが、2001年に起きた同時多発テロです。

　テロは米国経済の不安を生み、米ドルの信頼が低下し、ドル
も、ドル建て資産も一気に売られました。

　その一方、金は「有事の金」で買われ、当時300ドル前後
で推移していた状態から上昇トレンドに入っていきました。

◯ マネーサプライを見る

　ドルと金が逆相関で動くという点を踏まえると、今後の金価
格を考えるうえで、ドルの値動きを見ることが大事といえます。

　ドルが下落し、金価格が上がるタイミングとしては、前述し
たテロや自然災害のような有事が挙げられるでしょう。

　ただ、有事を予測することはできません。

　そこで注目したいのがマネーサプライ（日銀の資料などではマ
ネーストック）です。

　マネーサプライは、世の中に出回っているお金の供給量を指
すもので、各国の中央銀行は、マネーサプライを調整すること
によって景気をコントロールします。

「理由3」でも説明した通り、市場で取引される商品の価格は
供給量が増えることによって下がります。

　ドルも同じで、マネーサプライが増えるとドルの価値が下が
りやすくなり、逆相関で動く金価格は上がりやすくなります。

その例といえるのが、リーマンショック後のFRB（アメリカの中央銀行）による量的緩和政策です。

FRBは、銀行から長期国債を購入する方法などによって市場に出回るドルを増やしました。

その結果、供給量の増加によってドルの価値が下がり、リーマンショックによるアメリカ経済への不安もあり、ドル安が進みました。

一方、金価格は大きく上昇し、ドルの量的緩和が続く間、一方通行で急騰していくことになります。

同じことが、コロナショックでも起きています。

FRBは、コロナショックがアメリカ経済に与える影響を抑えるために無制限の量的緩和を行い、リーマンショック後よりも速いペースでマネーサプライが急増しました。

2020年5月時点で前年比+23.1%と、1960年1月の統計開始以来で最も高い伸び率を記録しました。

この動きに反応して、金価格は急騰し、直近の高値だった1800ドルを超えていくことになったのです。

マネーサプライとともに金価格も上がる

リーマンショックやコロナショックのときの量的緩和は、国内経済の混乱や不況を抑えることが目的でした。

量的緩和はインフレにつながりますから、不況時に起きるデフレ対策や価格安定といった効果が見込めます。市場に出回るお金が増えれば、企業の投資や民間の消費も刺激できます。

◦ アメリカのマネーサプライ（M2）

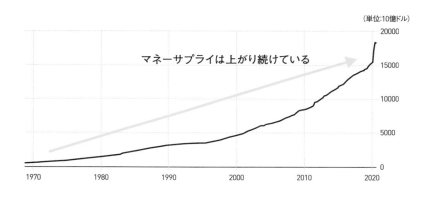

（単位:10億ドル）

マネーサプライは上がり続けている

● 出所:Trading Economics —— *https://tradingeconomics.com/*

　これは、いわばケガをしたときに絆創膏を貼るようなもので、コロナショック時に無制限で量的緩和したように、マネーサプライを絆創膏にすることで一定の効果は得られます。

　ただ、マネーサプライの推移を見ると、リーマンショックなどの危機に関係なく、ほぼ一方通行で増えています。

　その理由は断言できませんが、大きなクラッシュが起きたときのショックを和らげたり、定期的に起きる中規模なクラッシュが大きなクラッシュになるのを防いだりするために、あらかじめ市場のお金を増やすといった意図があるのかもしれません。

　あるいは、クラッシュが起きると、そのときの政治家が責任を追及されるため、その可能性を抑えるために中央銀行にプレッシャーをかけて、マネーサプライを増やすという政治的要因

があるのかもしれません。

　クラッシュが起きるとすれば、その原因は「理由1」で説明したとおりです。
　世界の歴史を見ると、政府の負債の積み重ねが引き金となってクラッシュが起こる可能性があり、あらかじめマネーサプライを増やしてもクラッシュのリスクは小さくできません。
　クラッシュ時のダメージが「ケガ」だとすれば、負債の増加は「心臓病」のようなものですから、絆創膏を貼っても治りません。
　「心臓病」を予防するためには、運動したり食生活を改善するなどして健康的で健全な財務体質にならなければならないのです。
　ただ、そうは言ってもマネーサプライが過去数十年にわたって増え続けてきたことを考えれば、伸び率が鈍化することはあるでしょうが、急に減る可能性は考えにくいでしょう。
　この状況を見る限りでは、ドルと逆相関（マネーサプライと相関）する金価格も上がっていくだろうと予測できます。
　これこそが、値上がりという点から見ても金を買うのがよいと考える理由であり、金を勧める理由でもあるのです。

── ◯　現在の金価格は安い

　次に、5000ドルまで上がる根拠についてお話しします。
　この点については、マネーサプライの増加ペースと金価格の

○ アメリカのマネーサプライに対する金価格の割合

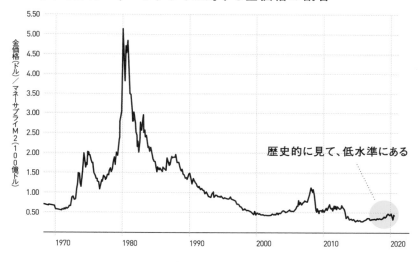

歴史的に見て、低水準にある

● **出所:Trading Economics** — *https://tradingeconomics.com/*

値上がりペースを見るとわかりやすいと思います。

　マネーサプライと金価格の推移を見比べてみると、マネーサプライが大きく増加しているのに対して、金価格の上昇率が鈍いことがわかります。

　それを表しているのが「金価格÷マネーサプライ」を示した上の図で、直近の数値は 0.5 を下回り、歴史的に見てもかなり低い位置にあります。

　原因は 2 つ考えられます。

　1 つは、マネーサプライの増加が異常であること。

　もう 1 つは、マネーサプライと金価格には高い相関性がある

にもかかわらず、金が安い価格で放置されているということです。

　直近の値動きを見ると、金価格そのものは安値ではありません。

　直近高値だった2011年の価格を超えていますから、急騰しているように見えますし、高値水準に見えます。

　しかし、重要なのはマネーサプライとの比率です。

　連動しているはずのマネーサプライとの比率を見ると、それなりに上がっているように見える金価格ですが、まだまだ上昇の余地があると読み解くことができるのです。

　また、過去の比率の推移を見ると、金価格が高騰していた1980年代をのぞくとしても、平均でだいたい1から2の間くらいでしょう。

　2020年現在の比率は、0.5前後で推移しています。

　仮に比率が1に戻るのであれば、金価格は現在の価格の2倍に上がります。

　比率が2まで戻るのなら金価格は4倍に上がります。

　つまり、将来的に金価格とマネーサプライの比率が平均値に戻っていくとすれば、仮にマネーサプライの増加が伸び悩んだり止まったりした場合でも、金価格は4000ドルから8000ドルになるだろうと予測できるのです。

　余談ですが、ここで説明した根拠に基づく「金5000ドル説」は、金がまだ1200ドルから1400ドルくらいの間をうろうろしていたころから考えていました。

縁あってプレゼンテーションした大学の投資サークルなどでも話してきましたし、2019年にYouTubeチャンネルを開設したときも、すぐにこの話をしました。

　当時はまだ2011年の高値である1800ドルも遠いと思われていたため、2000ドルならまだしも、5000ドルは突拍子もない予測に見えていたのです。

　私自身、すぐに5000ドルまで上がるとは思っていません。

　ただ、これから30年、早ければ20年、もしかしたら10年くらいの期間で見れば、十分ありえる価格だと思います。

　老後資金を見据えた30年くらいの長期投資なら、5000ドルはもちろん、もしかしたら1万ドルもあるかもしれないと思っています。

　短期的には値動きの波がありますので一方通行には上がらないでしょう。

　しかし、長期的に買い始めるには今がよいタイミングです。

5 世界の有力投資家が買っている

　金を買ったほうがよい5つ目の理由は、百戦錬磨の著名な投資家や、投資情報に精通している金融機関が金を買っているからです。

　投資では経済動向や値動きなどを読み解く力や、そのための材料となる情報を集め、分析する力が求められます。

　著名な投資家や金融機関は、十分すぎるほどその力を持っています。

　つまり、彼らが真剣に考え、「金を買う」と判断したのであれば、金を買う十分な理由があり、値上がりも期待できるともいえるのです。

　また、著名な投資家や金融機関は資金力も優れています。

「理由3」で説明した通り、投資商品の価格は需要と供給のバランスによって変わります。

　資金力がある人や機関が金を買うということは、金の需要が増えるか、少なくとも減る可能性は低いということですから、これも安心して金を買える要因といえると思います。

バフェットが投資している

　金を買っている著名な投資家の1人は、投資の神様とも呼ばれているウォーレン・バフェットです。

　厳密には、バフェットがCEOを務めるバークシャー・ハサウェイという会社が、金そのものではなく、カナダにあるバリックゴールドという金鉱山の会社に投資しています。

　バフェットについては様々な逸話がありますが、注目したいのは、やはり投資先を見極める目とこれまでのパフォーマンスです。

　経済誌が算出した2019年の長者番付によると、バフェットの資産は約825億ドルです。バフェットは、投資を本格的にはじめた20代前半のとき、手持ち資産が2万ドル程度だったといわれますから、60年くらいの間に資産を400万倍に増やしたことになります。ちなみに、1965年から2019年のアメリカ市場のパフォーマンス（S&P 500）が200倍ほどですから、この数値を比較しても投資の神様と呼ばれるにふさわしい人物だとわかります。

　バフェットの手法は、配当利回りを重視する割安な米国株への長期投資です。

　配当を再投資し、長期の複利運用で雪だるま式に資産を増やしていくのがバフェット流というわけです。

　このような投資戦略を主軸としているため、バフェットはかねてから金投資には消極的でした。

金は配当を生まず、価格は上がるもしれませんが、金そのものが会社のように成長することもないからです。

　過去の記事などを読み返すと、「金は輝くだけで役に立たない」「何かを生み出すものではない」といった金投資に対する批判論のような意見もあります。

　そう考えると、バフェットが金への投資をはじめたことがとても深い意味を持ちます。

　金に対して、投資する価値、意義、必要性を感じたのだろうと考えられるからです。

　バフェットが買ったのは配当がある金鉱山の会社の株ですから、金そのものを買う金投資と同じではありません。

　割安かどうかはともかく、配当利回りを重視する株への投資という点から見れば、これまでの投資戦略とかけ離れた判断とはいえないでしょう。

　ただ、金や金を取り巻く業界にバフェットが投資する理由を見出したことに変わりはありません。

　バフェットの先見性とこれまでの実績を踏まえるなら、バフェットが金鉱株を買っているという事実だけでも金を買う大きな根拠になるだろうと考えています。

── ◯ 投資の常識が変わる

　一方で、金そのものに注目し、金価格と連動する ETF を買っている大物投資家もいます。

　世界最大のヘッジファンドであるブリッジウォーター・アソ

シエーツを率いるレイ・ダリオです。

　ダリオは、投資家にはよく知られている人物で、ファンド運用面ではリーマンショックを無傷で切り抜けたことで有名です。

　ダリオは、未来の投資の世界について、これまでの投資の常識が変わる「パラダイム・シフト」が起こるだろうと発言しています。

　何が変わるかというと、これまでのように「株を買えば儲かる時代」が終わり、「金投資が重要になる時代」になるということです。

　もう少し具体的にいうと、現状は多くの投資家が株などへの投資を中心に考えていますが、今後はリターンが減る可能性があるということ。そして、リスク軽減と収益性向上を両立できるポートフォリオに変えるために、金に投資をしたほうがよいというメッセージを発信しています。

　ダリオによると、投資の常識の変化はリーマンショックから始まっています。

　リーマンショックによる景気悪化を食い止めるために、世界の中央銀行は量的緩和、金利の引き下げ、国債の買い上げなどを通じ、市場にお金を供給しました。

　市場のお金を増やすことにより、株などの投資商品にお金が向かいやすい環境と、「株を買えば儲かる」という「投資の常識」をつくってきたわけです。

　実際、リーマンショック時に8000ドルを下回ったダウ平均株価は、底値からほぼ一直線に上がり、コロナショック後でも3万ドル手前まで伸びています。

ただ、ダリオの考えによると、市場にお金を増やし続けても、以前のように株価は上がりません。株式投資の魅力も以前より下がります。

　なぜなら、マネーサプライの増加や金利の引き下げ予想から株価は着々と上がっていますが、そのペースが速く、多くの企業の利益の増加ペースを上回るからです。

　そのことに市場が気づき始めると、上値が狙いにくい株などへの投資から金などのような安全性が高い資産を買うようになります。

　ポートフォリオに少量でも金を組み込めば、マネーサプライの増加によってお金の価値が下がっていくリスクにも対応できます。

　このような変化によりこれまでの投資の常識が「パラダイム・シフト」するだろうと考えているのです。

◯ 中央銀行が大きな需要に

　従来、株、債券、不動産などが投資商品の中心だったのも、それぞれの価値がドルの信用によって支えられていたからです。

　ところが、「理由3」でも触れたように、マネーサプライが増えるほどドルの価値は下がります。

　では、市場のドルを増やしている当事者の中央銀行は、金とどのように向き合っているのでしょうか。

　中央銀行は、各国の金融機関の中心的存在となる機関で、その国や地域のお金を発行します。

先進国の場合、アメリカはFRB、日本は日本銀行、イギリスはイングランド銀行、ドイツはドイツ連邦銀行、ユーロ圏はECB（欧州中央銀行）がそれぞれの国・地域の中央銀行です。

　各国や地域の中央銀行は、通貨を安全に流通させたり、物価や金融システムを安定させることを目的として市中の銀行や国から自国の通貨を預かりますが、為替介入や通貨危機が起きたときの準備資産として、ドルや金も保有しています。

「理由4」で説明した通り、ドルと金価格は逆相関の関係であるため、外貨資産として世界の基軸通貨のドルを持つとともに、一定量の金も持っているのです。

　中央銀行全体が保有する金は、地上在庫（採掘済みの金）の17％に及ぶといわれます。

　保有量が多いのはアメリカのFRBで、中央銀行全体が持つ量の25％を保有しています。

　中央銀行全体で保有量の推移を見ると、1990年代から2009年までの約20年間は売却した量のほうが多く、2010年からは購入のほうが多くなっています。

　90年代から売却していたのは、主に、イギリス、イタリア、フランスなどの欧州各国です。

　金が金利を生まず、保管のための場所とコストが必要で、当時の金価格が低迷していたため、中央銀行の財務が悪化するというのが売却の理由でした。

　一方、経済成長中の新興国の中央銀行は2000年ころから急ピッチで金を買いはじめます。

　輸出を通じて手持ちのドルが急速に増えたため、ドルを中心

○ 世界の公的金保有（2020年11月時点）

1位	アメリカ	8133トン	7位	中国	1948トン
2位	ドイツ	3362トン	8位	スイス	1040トン
3位	IMF	2814トン	9位	日本	765トン
4位	イタリア	2452トン	10位	インド	668トン
5位	フランス	2436トン	11位	オランダ	612トン
6位	ロシア	2299トン	12位	トルコ	561トン

● 出所:World Gold Council

に外貨準備するリスクを抑えるために逆相関の金を持つ政策を進めたのです。

　2020年11月時点では、アメリカの金保有量が8000トン超で飛び抜けていますが、ロシアや中国も2000トン前後の金を保有し、日本の保有量（765トン）を大きく超えています。

　トルコやインドも日本の保有量に迫り、アジアや中東各国も着々と保有量を増やしています。

　このような買い需要の増加により、中央銀行全体の売買比率は売りから買いに変わりました。

　また、欧州各国では金の売却による金価格の下落に歯止めをかけるために、各国の中央銀行の金売りを制限するワシントン

協定を作りました。

　この協定にアメリカや、アメリカ、ドイツの次に金を持つ IMF も同意し、中央銀行による金売りが止まり、金価格の下落も止まります。

　さらには、売り止まった金の価格が上がりはじめ、各国の中央銀行はますます金を手放さなくなります。

　利息を生まないと思われていた金が値上がり益を生みはじめました。

　金が値上がりするということは、持っているだけで外貨準備資産が増えていくということです。

　このような観点から、金の資産価値が再認識され、外貨準備資産として中央銀行に買われ、保有されるようになったのです。

　金を買う側である個人にとっては、中央銀行のような大きな機関が買っていることが重要なポイントです。

　需要が大きく、大量の金が保有されていれば、金価格は下支えされます。

　地上在庫の 17% を大口が抱え込んでいるという事実が変わらない限り、金は安心して買えますし、保有できます。

　また、金を買うという戦略は投資情報の分析とリスク管理能力で突出している中央銀行の戦略に倣うということですので、その点でも安心できる投資だといえるでしょう。

6

ほったらかし、ストレスフリーで投資できる

　本章の最後に、金は手軽に買うことができ、長期で安心して持てる商品であることを書いておきます。

　これが金を買ったほうがよい6つ目の理由です。

　私が勧める金投資の方法は、少額でよいので長期でコツコツ買っていく方法です。

　買付方法は積立がよいでしょう。

　買っていく期間は、最低でも1年以上で、できれば引退して年金生活になるまで買ってほしいと思います。

　長期で買うほど、金の「保険」としての効果が高まり、マネーサプライの増加やインフレなどによる値上がりも期待できます。

　自動で買い付けるようにしておけば、買い忘れることがありません。

　その時々の値動きを見る必要もありませんし「老後まで現金化しない」と決めてしまえば、ずっとほったらかしのまま自然と資産が増えていきます。

● 時間を分散してリスクを抑える

　また、長期の積立は、買うタイミングを長期的に分散すると

いうことですので、分散投資によって値下がりリスクを軽減できます。

　分散投資というと投資する商品を分けることとイメージする人が多いかもしれませんが、買付のタイミングを分けることも重要です。

　コロナショックのようなクラッシュで一時的に金価格が急落したとしても、長期で積立てるのであればやがて価格が回復する可能性が大きくなります。

　むしろ、下落時は金価格が安いわけですので、安価で金を増やすことができます。

　短期的な急落は、そのときは「下がった」「大変だ」と感じるかもしれませんが、長期チャートで振り返ってみると一時的で小さな値動きに見えるものです。

　実際、リーマンショックのときには金価格が一時的に下落しましたが、その前から続く上昇トレンドの流れで見れば、それほど大きな値動きには見えないでしょう。

　長期チャートで見るなら、むしろ2011年から2015年にかけての下落のほうが目に入るだろうと思います。

　このような数年にわたる下落も、長期投資の場合は結果的に「安く買えた時期」になるでしょう。

　ただ、手持ちの金の資産価値が下がるため、資産額そのものが減るのは事実です。

　そのリスク対策として、金だけに絞って投資するのではなく、株や債券など金以外の投資商品も持ち、分散投資するのがよいと思います。

◦ 過去20年の金価格

長期的に見ると、
価格は上がり続けている

2000年初頭は
300ドル近辺

(USD)

● 出所：TradingView ―― *https://jp.tradingview.com/*

　また、金関連の商品にもいくつか種類があります。
　前述したように、バフェットは金鉱山会社の株を買い、ダリオは金価格と連動するETFを買い、中央銀行は金そのものを買っています。
　この３つは、いずれも金関連の投資商品ですが、特徴や値動きなどが異なります。
　そのため、金投資の中でも分散を考えることが大切です。
（分散投資の詳細は４章で詳しく解説します）

　さて、本章では金を買ったほうがよい理由について見てきましたが、そもそも金とは何なのでしょうか。

なぜ高価で、なぜ人気があり、なぜ投資する価値があるので
しょうか。

　株を買うときに、投資先の会社についてよく調べることが大
事であるように、金投資する場合も、金がどんなものなのかを
正しく知っていくことが大事です。

　次章では金の特徴や価値について見てみましょう。

第 **2** 章

金とは
何なのか？

1 歴史が金の価値を証明している

「金とはどんなものなのでしょうか」

　シンプルで簡単な質問ですが、「こういうものです」と明確に答えられる人は案外少ないのではないかと思います。

　金投資の第一歩は、金について知ること。金の価値を理解し、詳しくなるほど、自信を持って投資できるようになります。

　金は、原子番号79番、元素記号Auの金属の一種です。

　前章で触れたとおり、採掘済みの金（地上在庫）は約19万トンほどで、未採掘の金は5万トンほど。

　2020年のコロナショックを経て金価格は上昇に向かい、2020年9月には過去最高となる1トロイオンスあたり2000ドル前後で取引されました。

　用途としては、ネックレスなどの宝飾品用が半分くらいあり、残りは個人や機関の投資用が約4割、残りが工業製品や医療などの産業用として使われています。

　金が宝飾品に使われる理由としては、キラキラしていて、輝きが劣化しないことが挙げられるでしょう。

　また、金は柔らかい金属で、薄く延ばすことができます。

　薄くできることを展性、延ばせることを延性といい、金は金属類の中で、展性と延性がトップクラスです。

　1グラムの金は、薄く叩けば1メートル角の金箔になり、長

○ 世界の金需要量（2018年）

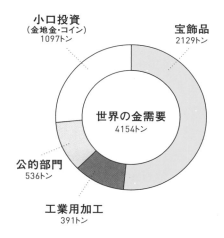

小口投資
（金地金・コイン）
1097トン

宝飾品
2129トン

世界の金需要
4154トン

公的部門
536トン

工業用加工
391トン

● 出所：トムソン・ロイターGFMS社「GFMS Gold Survey 2019」より作成

く延ばせば約3キロメートルになるといわれます。これら特性を踏まえて、金の多くは宝飾品に使われています。

5000年以上も昔から貴重品だった

　金のプロフィールを簡単に書くと、このようになるでしょう。ただ、金の魅力は簡単には書き尽くせません。
　なにしろ紀元前3000年に存在したといわれるシュメール文明のころから、金は人々を魅了し、あるときは富や権力の象徴として、あるときは戦争や権力抗争の要因として、人類の栄枯盛衰に深く関わってきた歴史があるのです。

シュメール文明のころの金については詳細が明らかになっていないようですが、歴史的な裏づけがある事実として、紀元前3000年くらいのエジプト文明では金はすでに貴重品として扱われていました。

　金の歴史に詳しくない人でも、ツタンカーメンの黄金のマスクはどこかで目にしたことがあるだろうと思います。

　マスクや棺などに使われている金は約110キログラム（約3536トロイオンス）だそうですから、現在の価格で計算すると、1トロイオンスあたり2000ドルとして約700万ドル、日本円で7億円超ということになります。

　このマスクは、ハワード・カーターというイギリスの考古学者によって1922年に発掘されました。

　ちなみに、エジプトのマスクではツタンカーメンのマスクが有名ですが、発掘品としては他にプスセンネス1世のマスクと、アメンエムオペト王のマスクがあります。

　これらも金を使ったマスクで、エジプトの王室でいかに金が愛されていたかがわかります。

　注目したいのは、何千年という時間が経っているにもかかわらず、棺も、副葬品も、隠し部屋に置かれてた様々な装飾品も、ほとんど手入れが不要なほど輝いていたことです。

　これは金が長い歴史の中で愛されてきた理由の1つです。

　金は他の物質と反応しない安定した金属であるため、空気や水に曝されても錆びません。酸で溶けることもありません。

　この強い耐性から生まれる永遠の輝きが、装飾品、宝飾品、貢ぎもの、金貨として使われてきた理由なのです。

2 3つの方法で 生産されている

金は他の物質と反応しないため、自然界においても金そのものとして単体で存在している天然の金属です。

では、どのように採取されているのでしょうか。

方法は3つあります。

金鉱石の中から取り出す

1つは金を含む金鉱石を探し、その中から金を取り出す方法です。

金鉱石には金以外の様々な物質が含まれています。それらの物質を取り除くため、炉にかけて溶かし、鉄や硫黄などを取り除いていきます。

ただし、金鉱石1トンから取れる金は数グラム程度しかありません。また、金鉱石がある鉱山を見つける難しさもあります。

砂金から取り出す

金を採取する2つ目の方法は砂金です。

砂金は、川を流れてくる砂状の金です。

どこから流れてくるかというと、1つ目の方法で紹介した金

鉱石を含む鉱山です。

　水の流れが鉱石を削り、その中に含まれる金が砂と混じって川上から流れてくるので、この砂をすくって金を取り出すわけです。

　ツタンカーメンなどのために集めた金もナイル川の上流などで採取した砂金だったといわれます。

　また、時代はだいぶ先に飛びますが、1800年代のアメリカ西部開拓時代には、カリフォルニア州で金が見つかり、多くの人が一攫千金を狙って移住しました。このゴールドラッシュで開拓者たちが狙ったのも砂金でした。

　前述のとおり、金は安定した金属であるため、川の中を流れても分解したり酸化したりすることがありません。

　また、金は金属類の中でも比重が大きく、水の約19倍、銀の約2倍、鉄の2.5倍の重さがあります。

　この特性を利用して、砂に混ざっている金を沈殿させ、砂金を抽出していくのです。

───◯　電子機器から回収する

　金を採取する3つ目の方法はリサイクルです。

　金は錆びにくく、電気信号を伝えやすいという特徴があることなどから、PC、携帯電話、デジタルカメラ、ゲーム機などに用いられます。

　また、アレルギー反応を起こしにくいため、金歯のような医療用品にも使われています。

○ 世界の金供給量（2018年）

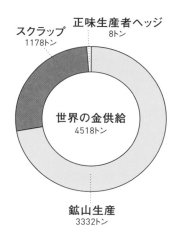

スクラップ
1178トン

正味生産者ヘッジ
8トン

世界の金供給
4518トン

鉱山生産
3332トン

● 出所：トムソン・ロイターGFMS社「GFMS Gold Survey 2019」より作成

　これらを不用品回収などを通じて集めるのがリサイクルによ
る金の抽出です。

　一つひとつの電子機器などに使われる量は微量です。

　しかし、PCや携帯電話のように市場に大量に出回っている
製品を集めると、まとまった量になります。

　そのため、金などを含むスクラップは「都市鉱山」と呼ばれ
ます。

3 金の日本史

　ところで、13世紀ころのヨーロッパでは日本は「黄金の国」と呼ばれていました。

　この「黄金」は金のことです。

　アジア各地を旅したベネツィア商人のマルコ・ポーロも、そのときの様子などをまとめた『東方見聞録』の中で、日本には莫大な黄金があるといったことを書いています。

　『東方見聞録』の記述については、例えば、当時の日本人（ジパングの人たち）が捕虜にした外国人を食べるなどと書かれていることもあり、真偽が不明なところがあります。

　ただ、金の話については、多少の想像と伝聞の繰り返しによる誤解はあったとしても、信憑性が高いとされています。

　事実、当時の日本は東北地方などで金が産出されていました。中国との貿易でも支払い手段として金が使われていたようです。

　また、このころにはすでに建物全体に金箔を施した中尊寺金色堂がありました。

　一説には、その話を見聞きしたポーロが、日本（ジパング）は莫大な金を産出し、宮殿や民家が黄金でできている、と伝えたのではないかといわれています。

日本最大の金鉱山

　日本と金の歴史的な関係では、おそらく新潟県佐渡島の佐渡金山がもっとも有名だと思います。

　佐渡金山では1601年に金鉱が発見され、開発がスタートしました。

　以来、1500万トンもの鉱石と78トンの金が掘り出され、鉱量が枯渇した1989年に閉山します。つまり、江戸時代に開山し、元号が平成に変わるまでの約400年にわたって日本最大の金山として存在し続けていたということです。

　佐渡金山が閉山になる少し前の1985年から採鉱がはじまったのが、鹿児島県の菱刈鉱山です。

　菱刈鉱山は鉱石1トンあたりに含まれる金の量が桁はずれに多く、平均の10倍程度となる約40グラムの金を産出します。

　そのため、菱刈鉱山は開山から10年で佐渡金山が400年かけて産出した金の総量を上回りました。

　また、開山当初は金の埋蔵量が120トンといわれていましたが、2020年3月時点で、すでに248トンの金を産出しています。

　佐渡金山や菱刈鉱山で取れる金は火山活動と関係しています。

　火山のマグマによって熱せられた地下水に周りの岩石に含まれていた金や銀などが溶け出し、それが沈殿することによって金や銀の鉱脈ができるのです。

　このような環境を人工的に作り出すことはできません。

日本は天然資源が乏しい国ですが、火山が多いという地理的条件から見ると、金などを産出しやすく、金などの貴金属が日本を代表する天然資源ともいえるのです。

──◯　通貨としての金

　金は、宝飾品、投資、産業用として使われますが、市場では古くからお金として使われてきた歴史があります。

　日本の場合、時代劇によく登場する金の小判がその例といえるでしょう。

　先に世界の歴史から見ていくと、世界でもっとも古い硬貨といわれているのが、リディア王国という国で作られたエレクトラム硬貨です。

　この硬貨は砂金由来の金と銀を混ぜて作られていました。

　金が実用的な金貨として使われるようになったのは紀元前600年くらいの古代ギリシャからだといわれています。

　また、紀元前200年ころには、中国（前漢時代）で馬蹄金と呼ばれる金貨が作られています。

　これは皇帝が部下などに与える褒美で、中国では、金貨が売買に用いる貨幣としてではなく、褒美として使われていたことを表しています。

　その文化は今の中国にも見られ、毎年旧正月のころになると記念金貨を買う人がたくさんいます。

　日本では、飛鳥時代に当時の中国で使われていた開元通宝という硬貨を真似て、富本銭という硬貨が作られています。

また、奈良時代には和同開珎という硬貨も作られました。

　ただし、これらは金ではなく主に銅を使っていました。

　お金の代わりとして金が支払いに使われるようになったのは鎌倉時代からで、金貨のような硬貨としてではなく、砂金を袋に入れて持ち歩き、売買のときに重さを量って使っていたようです。

　中国との貿易はこのころから活発で、鎌倉時代から室町時代にかけては、日本は主に金や銀を輸出していました。つまり、輸出するだけの金が国内で取れたということです。

　この金は主に砂金から採取したものといわれています。

　室町時代の末期から織田信長が天下統一を目指して躍進するまでの戦国時代では、全国の大名がこぞって鉱山開発を進め、軍資金として金を掘り出しました。

　また、豊臣秀吉が天下統一を果たすと、1588年に「天正長大判」「天正菱大判」といった大判をつくり、かつての中国のように褒美として使ったほか、大名同士の取引でも使われるようになりました。

　全国共通で使える貨幣制度をつくったのは徳川家康です。

　そのときに誕生したのが慶長小判という小判です。

　秀吉や家康は、天下統一や優れた武将といった文脈で語られることが多いのですが、国を治めるためには経済の仕組みをつくる必要があります。

　日本が経済的に発展し、1つの国としてまとまっていく過程にはお金の制度の成熟があり、その背景で、金はお金の価値を裏付けるものとして大きな役割を担っていたわけです。

4 世界経済を変えた 「金本位制」

お金とは何か？

再び世界に目を戻すと、イギリスでは 1816 年に金本位制がスタートします。

金本位制は、金の価値を基準として通貨を発行することです。

イギリスのイングランド銀行は、1844 年に金 1 トロイオンス＝約 3.171 ポンドと決め、金と交換可能なポンド紙幣を発行しました。

この紙幣のことを兌換紙幣といいます。

兌換は「交換できる」という意味で、ポンド紙幣を持つ人は、その紙幣を銀行に持っていくことで、いつでも金と交換できます。

そのことを国が保証し、そのための財源として国が金を持つことで、ポンドの価値を維持し、ポンドで売買する仕組みを安定させたわけです。

金本位制で「通貨の流通」が活発化する

このときに、かねてから「お金のようなもの」として認知され、流通してきた金が、仕組み的、制度的にお金ときちんと紐づいたといえます。

金がお金を裏付けるだけの価値がある資産であることを国が

保証し、金の価値も明確になったのです。

　イギリスがポンドの価値を金で裏付けようと考えたのは、貿易を通じて獲得する外貨の価値を不安視していたからです。

　当時はポンドが世界の基軸通貨で、イギリス側から見ると、どの国の通貨であれ、発行国が金との交換を保証してくれれば安心して貿易できます。

　一方、取引相手となる外国側は、産業革命によって成長中のイギリスと貿易をしたいと思っています。

　金本位制を導入すれば、自国の通貨が信用され、貿易することができます。

　このような思惑が合致して、欧州先進国やアメリカも金本位制を導入します。

　日本も例に漏れず、明治政府が1円＝金0.75グラムで金本位制を導入しました。

　ちなみに、江戸時代から使ってきた両、分、朱といった単位を円にしたのもこのころです。

　通貨の形も西洋流にして小判のような楕円から丸く変え、20円、10円、5円、2円、1円の金貨が作られました。

　イギリスから世界へと広まった金本位制は、わかりやすく言えば、金が世界の共通価値になった出来事といえるでしょう。

　ポンドや円など各国で使う通貨は異なりますが、その後ろではあらゆる主要な硬貨が金の価値に紐づいています。

「何かあったら金に交換すればよい」

この安心感が世界の通貨の流通と発展を支えたのです。

5

固定相場から
変動相場へ

イギリスの金本位制は、第一次世界大戦の債務支払いや、1929年に起きたアメリカ発の世界恐慌の影響で、1931年に停止します。

しかし、第二次世界大戦が終わりに向かいつつあった1944年、再び金で価値を裏付ける制度がつくられます。

新たに世界の経済大国となったアメリカが、米ドルと金を交換できる仕組みを作ったのです。

イギリスの金本位制は、各国がそれぞれ自国の通貨と金を紐づけました。

一方、アメリカの金本位制は米ドルと金だけを紐づけています。

つまり、金と交換できるのは米ドルのみで、他国の通貨は米ドルとの交換レートを固定することによって間接的に金と紐づいているわけです。

そのため、この制度は金ドル本位制とも呼ばれます。また、この制度によって、米ドルが事実上、世界の基軸通貨となりました。

金との交換レートは、1トロイオンスにつき35ドルです。

また、各国の通貨との交換レート（為替レート）も決まり、円の場合は1ドル＝360円で固定されました。

この制度は、各国の代表がアメリカのニューハンプシャー州ブレトンウッズに集まって話し合ったことから、ブレトンウッズ体制と呼ばれています。

● ニクソンショクで、金とドルの交換が停止

さて、当時の金価格を見てすでに強烈な違和感を持った人もいるかもしれません。

このころの金価格は今では考えられないくらい破格です。

2020年12月現在は金1トロイオンスあたり1800ドル前後ですが、当時は35ドルです。

日本円で計算すると、現在価格は金1トロイオンスあたり20万円くらいですが、当時は1ドル＝360円で計算しても1万2600円、今のレート（1ドル105円前後）であれば3675円です。

今から振り返れば、この交換レートが安すぎたのでしょう。

アメリカ側から見ると、手元に多くの米ドルがあれば、安い価格で金を獲得できます。

しかし、実際は逆で、財政赤字と貿易赤字によって大量の米ドルが海外に流出し、手持ちの金では交換できない状態に陥ります。

その結果、かつてのイギリスと同じように、1971年に米ドルと金の交換をやめることになります。

これを決めたのは当時の大統領だったニクソン大統領であったため、突如発表された米ドルと金の交換停止のことをニクソ

ンショックと呼びます。

　米ドルが金と交換できなくなったことで、金の裏付けを失った米ドルの価値は急落します。

　ブレトンウッズ体制が終わり、為替相場は変動相場制になりました。

　対円レートで見ると、ニクソンショック以前は1ドル360円でしたが、10年後の1981年は200円、20年後の1991年は150円、30年後となる2001年以降は100円前後に下がり、現在もその水準で推移しています。

　また、金も1トロイオンスにつき35ドルという基準がなくなり、変動相場となったため、ドル安と逆行して価格が急騰します。

　世界の基軸通貨である米ドルの信用が失われていく反面、歴史的に信頼できる資産とみなされてきた金が買われたわけです。

　タイミング的にも、ニクソンショックのすぐ後に中東戦争が始まり、さらにその数年後にソ連のアフガニスタン侵攻が始まり、安全資産を求める人が金を買います。

　その結果、米ドル建ての金価格は1トロイオンスあたり700ドル前後まで上がり、ニクソンショック以前の20倍になりました。

　前章で触れたように、米ドルが下がったときは金が買われ、米ドルが上がったときは金が売られるという逆相関の関係が、このような歴史を経て出来上がったわけです。

投資商品としての価値が高まる

　金は、金本位制が終わったことによって通貨の価値を裏付ける役割を終えました。

　その結果、金は再び、金そのものとしての価値を評価される資産になりました。

　また、変動相場になり、米ドルと逆相関で動く関係などが明らかになっていく中で、金は投資商品として認知されるようになり、金投資の考えが広がっていきます。

　金を持つことで値上がり益（キャピタルゲイン）が狙えます。

　米ドルや米ドル建て資産が為替変動で値下がりする可能性がある場合、金を持つことがリスクヘッジ（リスクに備えて対策しておくこと）になります。

　そのような用途で投資資金の一部が金や、金以外の貴金属に流れ込むようになっていくのです。

　私が働いていたころのウォール街でも、大きな投資機関には金などのコモディティを扱う部門があり、金を専門的に扱う金のトレーダーもいました。

　投資機関が主に扱うのは株などのエクイティの分野で、売上もこの分野のトレードが大きいため、金投資はどちらかというと小規模でありマイナーです。

　しかし、前述したように金本位制が終わってから金は価格を伸ばしていますし、とくにリーマンショック前後ではそれまでの最高値だった 1980 年代の価格を超え、600 ドル台から 1000

ドル近くまで急騰しました。

　このような値動きから、金は値上がりが狙えるだけでなく、手持ちの金融商品の「保険」の役割が期待されるようになり、投資商品として注目されるようになっていったのです。

　余談ですが、私が金に興味を持ったのもこのころで、株や為替とは違う値動きをする点に注目しました。

　当時は株と為替のトレードが中心の仕事でしたので金のトレードに直接関わることはありませんでしたが、個人でコツコツと金について学び、ここまでに述べてきたような金の魅力や金に投資する価値を発見していくことになったのです。

6 注目度の低い 「隠れた優良資産」

知れば知るほど、金は特異性がある優れた投資商品であることを理解してもらえるでしょう。

ところが、コロナショックのときには少し金投資が話題になりましたが、市場での金の注目度は低く、多くの投資家は投資といえば株や不動産を思い浮かべます。

その理由の1つとして、投資商品を売る金融機関があまり積極的に金を勧めていないことが挙げられます。

株は数千種に及ぶ銘柄があり、どんな相場でも上がる銘柄はありますので、持ち替えることによって資産を増やしていくことができます。

持ち替えが有効な投資戦略になるということは、持ち替えを勧める金融機関が、その都度、手数料を得られるということです。

一方、金は株のような種類がなく、ボラティリティ（値動きの幅）も小さいため、基本的な戦略としては長期の積立に落ち着きます。

金融機関としては売買の提案がしづらく、売買が頻繁に発生しないため、手数料が得にくい商品なのです。

また、株と金の長期間の値動きを見比べてみると、株の値上がりが大きく、多くの投資家に利益をもたらしています。その

陰で金投資の魅力が霞んでしまっていることも金投資が注目されにくい理由だと思います。

　長期チャートで見ると、多少の上げ下げはあるものの、米国株は1970年代からずっと上がり続けています。

　90年代の10年間だけでも、ダウ平均株価は4倍に伸びていますし、リーマンショック時には大きく下落しましたが、そこからの10年で3倍以上伸びています。

　ウォール街では、このような長期の上昇トレンドを「スーパーバブルサイクル」と呼ぶ人がいます。

　つまり、株は長期的にバブルなのです。

　投資の基本は上がるものを買って波に乗ること（Buy the strong）ですから、米国株を買う戦略は十分ありだと思います。

　ただ、トレンドで見るなら金も負けていません。

　第1章で述べたとおり、長期的に見ると、金価格も伸び続けています。

　米国株が長期的にバブル傾向なのだとすれば、歴史的に見ていまの価格が割高水準である可能性も高いといえるでしょう。

　そう考えると、金は株よりも割安である可能性が高く、長期で買っていく商品の選択肢として魅力的だと思います。

　株価が下落したときの保険にもなります。

　現状としてまだ注目度が低ければ、注目度が上がるにつれてさらに値上がりしていくことも考えられます。

　その点から見ても、今こそ「投資といえば株」という概念から離れるときであり、昔から価値を認められてきた金に目を向けて、金投資に目覚める時期なのかもしれません。

7 銀・プラチナ・パラジウムの特性

さて、ここまで主に金の歴史を見てきましたが、投資商品という観点から見ると、金は貴金属の一種で、ほかにも投資可能な貴金属があります。

一般的に貴金属元素と呼ばれる貴金属は8つあります。

金（Au）、銀（Ag）、プラチナ（Pt）、パラジウム（Pd）、ロジウム（Rh）、イリジウム（Ir）、ルテニウム（Ru）、オスミウム（Os）です。

また、これら8つの貴金属のうち、それなりの出来高を伴って市場で取引されているものは、金、銀、プラチナ、パラジウムの4つです。

では、金以外の3つの貴金属について、簡単にプロフィールを説明しておきましょう。

銀

銀は、原子番号47番、元素記号Agです。

取引価格は、コロナショックの前までは1トロイオンスあたり18ドル前後でしたが、コロナショック後は一度価格を下げた後に金と同様に反発し、2020年12月時点では22ドルから27ドル付近を推移しています。

金との価格比は 70 分の 1 から 80 分の 1 です。

用途としては、工業製品が大部分を占めています。

投資需要はあまり大きくなく、宝飾品としては、金と違って変色するのが難点ですが、価格が安いため一定の需要があります。

⬤ プラチナ

次に、プラチナを見てみましょう。

プラチナは、原子番号 78 番、元素記号 Pt で、この後で紹介するパラジウムや、前述したロジウム、イリジウム、ルテニウム、オスミウムと性質が似ていることから、これら 6 つをまとめて白金族元素と呼びます。

2020 年 12 月時点での取引価格は、1 トロイオンスあたり960 ドル〜 1080 ドル付近を推移しています。金との価格比は0.5 倍前後です。

用途は、銀と同様に工業製品が多く、そのほとんどは自動車用に使われます。投資需要は小さく、宝飾品としての需要もあります。

⬤ パラジウム

パラジウムは、あまり耳馴染みのない貴金属かもしれません。

パラジウムは、原子番号 46 番、元素記号 Pd です。

2020 年 12 月時点での取引価格は、1 トロイオンスあたり

2230ドルから2450ドル付近を推移しています。

　金との価格比は1.2から1.3倍前後です。

　用途は工業用がほとんどです。また、用途としては少量ですが、宝飾品として使用する金やプラチナの強度を高めるために混ぜ合わせることがあります。

　ちなみに、金と銀の供給元である鉱山は世界各地に分散していますが、プラチナとパラジウムは南アフリカとロシアに大きく偏っています。

　また、いずれも自動車に使われることが多いため、廃車からリサイクルして取り出すこともあります。

　この供給源のことを自動車鉱山と呼びます。

金とその他の 貴金属の違い

　本章の最後に、金と、金以外の銀、プラチナ、パラジウムの違いについて押さえておきましょう。

　見た目の面では、まず色が違います。

　金は金色。銀、プラチナ、パラジウムは銀色です。

　誤解しやすいのは、プラチナでしょう。

　プラチナは日本語で書くと白金で、白金を直訳するとホワイトゴールドになります。

　しかし、プラチナとホワイトゴールドは別物です。

　プラチナは前述のとおり元素記号 Pt の金属で、ホワイトゴールドは元素記号 Au です。

　ホワイトゴールドが、金の一種であるにもかかわらず白色なのは、金に銀やパラジウムや銅などの白い金属を混ぜて金の合金にしているためです。

　ホワイトゴールドの成分の目安としては、金が75％、パラジウムなどが25％くらいです。

　また、ホワイトゴールドと似たものにイエローゴールドやピンクゴールドなどもあります。

　これらも金の合金で、銀や銅を混ぜています。

　金は柔らかい金属であるため、指輪などの宝飾品にする際に

は他の金属を混ぜて強度を高めるのが一般的です。

このときに使う混ぜ物のことを割金（わりがね）といいます。

純金は24金（K24・Kは純度を表す単位であるカラットの頭文字）で、割金が増えるほどKの値は下がります。

例えば、K18は金が18（75%）、割金が6（25%）という意味で、銀と銅を同じだけ混ぜるとイエローゴールド、銅の割合を増やすとピンクゴールドになります。

ところで「銅は貴金属じゃないの？」と思った人もいるかもしれません。

オリンピックでも、金メダル、銀メダルの次は銅メダルですから、貴重な金属だと思う人も多いことでしょう。

先に答えから書くと、貴金属は金など8つの金属を指すのが一般的で、銅はここに含まれません。

貴金属とは何かというと、科学的にはイオン化しにくい金属、つまり、錆びたり腐食したりしにくい金属を指します。

これが金など8つの金属です。

一方、この8つよりもイオン化しやすい金属は卑金属（ひきんぞく）の分類になり、その中には銅や、ニッケル、アルミニウム、鉛、亜鉛、すず、タングステンなどが含まれます。

銅は、鉄と比べるとイオン化しにくい金属であるため、鉄よりも貴金属に近いといえるかもしれません。

ただ、貴金属と卑金属は貿易の関税の違いがあり、明確に分けられています。

この基準で分けているのが、金などの貴金属とその他の卑金属という分類で、銅は卑金属に含まれるのです。

銀・プラチナ・パラジウムは景気と連動しやすい

金と、金以外の銀、プラチナ、パラジウムの違いでもう1つ重要なのは、金は景気と連動しにくく、金以外は景気と連動しやすいことです。

これは前述した各金属の用途に理由があります。

金は、約半分が宝飾品、4割が投資に使われ、経済活動と関連する工業製品に使われる量は1割ほどです。

一方、銀は半分以上、プラチナとパラジウムは大半が工業製品に使われます。この3つを買っているのは製造業の企業などです。

そのため、景気が悪化し、製造業が停滞すると予想される局面では、銀、プラチナ、パラジウムの需要が減ります。

結果、金よりも景気と連動しやすくなり、株価などと同様に下落することもあるのです。

◦ コロナショック後の銀の価格

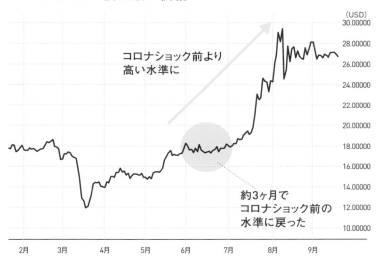

（USD）

コロナショック前より
高い水準に

約3ヶ月で
コロナショック前の
水準に戻った

2月　3月　4月　5月　6月　7月　8月　9月

◦ 出所:TradingView　*https://jp.tradingview.com/*

　コロナショックがわかりやすい例でしょう。

　第1章で述べたとおり、金はコロナショック後に一時的に下落しますが、約1ヶ月後の4月上旬にはショック前の水準まで戻り、その後は高値を更新しています。

　銀は、金と比べて下落率も大きくなりました。

　ショック前の水準まで戻るまで3ヶ月ほどかかり、その後は高値を更新しています。

○ コロナショック後のプラチナの価格

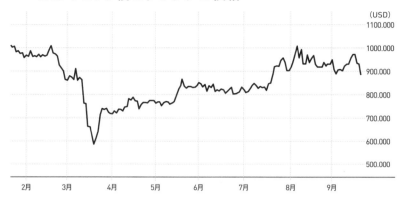

● 出所:TradingView　*https://jp.tradingview.com/*

○ コロナショック後のパラジウムの価格

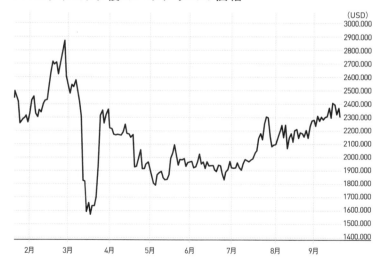

● 出所:TradingView　*https://jp.tradingview.com/*

銀よりも工業用途が多いプラチナとパラジウムは、銀と同じく瞬間的に3割から4割ほど値下がりし、回復に時間がかかりました。

　また、コロナショック前の高値を更新することはなく、チャート的にはダウ平均株価と似た値動きになっています。

　このことからもわかるとおり、工業用途が大きい貴金属ほど株価の値動きに近くなります。

　つまり、金のように株価が下がったときの保険としての役割は期待しづらくなります。

　ただし、銀、プラチナ、パラジウムも、希少性があり、供給量の急増によって値崩れするリスクが小さいという安心感はあります。

　そのため、金ほどではないにしても長期でコツコツ買っていく投資商品としては魅力があります。

　では、銀、プラチナ、パラジウムを含めて、貴金属の投資にはどんな商品があるのでしょうか。

　次章では各投資商品の詳細を見てみましょう。

第 3 章

金に関する
投資商品ベスト7

金や、金を含む貴金属投資にはいくつかの商品があります。

本章では、各商品の特徴を見てみましょう。

紹介するのは、以下の7つです。

★はおすすめ度です。5つが満点で、これから金投資を始める人の「とっつきやすさ」を基準に私見で判断しました。

ただし投資商品には相性があるため、気になったものを調べてみてください。

（1）金の現物投資：★★★（p93）

（2）金のETF：★★★★★（p99）

（3）金先物：★（p103）

（4）金鉱株：★★（p106）

（5）金鉱株のETF：★★★（p111）

（6）銀・プラチナ・パラジウムのETF：★★★（p114）

（7）ビットコイン：★★★（p117）

第4章で詳しくお話ししますが、どれか一つだけに絞って投資するのではなく、多様な商品に資産を分散させることが大切です。

あくまで投資は全て自己責任、自己判断でお願いします。

1 金の現物投資

　まずは金そのものを買う現物投資です。

　現物投資は、金投資の中でもっともわかりやすく、シンプルな方法だと思います。

　金を買い、保有する。ただそれだけです。

　世界を見ると、歴史的に資産としての金の価値を高く評価しているインド、東南アジア、中国でも、金の現物を持つ人が多くいます。

　新興国ではハイパーインフレが起きるなどして、お金の価値が急激に下がる可能性があります。そのリスク対策として、資産としての価値が低下しづらい金を持つ傾向が強くなるのです。

　先進国においては、金を持つことがクラッシュによる金融資産の暴落やインフレリスクの対策になるという話をしました。

　そのような目的で、富裕層で金の現物を持っている人は多いですし、各国の中央銀行も金を買い、保有しています。

　これも現物投資です。

　金投資をするのであれば、金がどういうものか実感としてわかるほうがよいでしょう。

　その点から見ても、少しだけで十分なので、現物の金を持ち、本物に触れてみることは大事だと思います。

　身の回りには金色のキラキラしたものはたくさんありますが、

本物の金を手にしてみると、おそらく輝きや質感が全く違うと感じるでしょう。

　価格的に、映画でよく見るような金の延べ棒を買うのはさすがに難しいと思いますが、数グラム程度の地金（金を溶かして固めたもの）や金貨などであれば手が届く価格で買うことができます。

───◯　## コストが難点

　現物投資で注意したいのは、購入する際のコストです。まず、金の現物は地金商と呼ばれる貴金属の専門店や、コインの場合は宝飾店や百貨店などから買う際に消費税がかかります。

　積立の場合は、地金商などのほかに証券会社や商社などでも購入できますが、この場合も同様に購入時に消費税がかかります。

　消費税率は他の商品と同じで10％（2020年時点）ですので、1万円の金を買うと1万1000円を支払うことになります。

　次に、金の販売店に払う手数料です。

　手数料は店によって違いますが、目安として購入金額の2〜3％くらいと見ておくとよいでしょう。

　店によっては、購入量が多くなるほど手数料が安くなる仕組みにしているところもあります。

　毎月の購入額や購入量を決めて積立てていく場合、購入手続きや購入済みの金の管理を任せる対価として、積立口座の年会費がかかることがあります。

　手数料や年会費などのコストは、基本的には実店舗を持たな

いネット証券などのほうが安く設定されています。

　コストは実質的な損であり、コストが大きいほど利益が減り、損失が大きくなるので、どこで買うかは慎重に選びましょう。

　購入時の価格に関しては、スプレッドも確認する必要があるでしょう。

　スプレッドとは、金を買う投資家側の価格（購入金額）と、金を買い取る店側の価格（売却価格）の差のことです。

　これもどこで買うかによって差があり、金、銀、プラチナのどれを買うかによっても異なります。

　スプレッドも実質的な損ですので、できるだけ売買代金の差が小さい店を選ぶのがよいでしょう。

　スプレッドはその時々の相場状況によって変わります。

　例えば、取引量が減ったり、経済ニュースなどの影響で値動きが不安定になったりしているときなどはスプレッドが広がる傾向があります。

　実際に金を持った後のコストとして、金の保管コストも考えておいたほうがよいでしょう。

　積立の場合、買っている金を店に預かってもらうために保管料がかかることがあります。

　現物を持ち帰る場合は保管量がかかりませんが、紛失や盗難のリスクを考えると、例えば、安全に保管するために金庫を買うコストや、銀行の貸金庫を利用するコストなどがかかるでしょう。

　金投資のコストは、金貨で買うか地金で買うかによっても変わります。

金貨は比較的少額で買えるのがメリットですが、デザイン料や加工費がかかっているため、その分だけ高くなります。この上乗せ分をプレミアムと呼びます。

　金貨によってプレミアムの率は違いますが、目安としては、金貨に使用している金の価格に対して、1割から2割くらい高くなると見ておくとよいでしょう。

　また、金地金に比べて金貨はスプレッドも広くなる傾向があります。

　その点で見ると、純粋に金に投資するのであれば、金の実勢価格に近い地金のほうが割安といえます。

　ただ、地金もバーチャージという加工料がかかることがあります。バーチャージとは、購入した金を地金の形にするための加工賃です。

　一般的に、バーチャージは少量になるほど負担が大きくなります。簡単にいうと、100グラムの金のバーチャージのほうが、300グラムの金のバーチャージよりも高くなるということです。

　また、バーチャージは500グラム以上の金を買う場合は基本的に無料です。つまり、コスト優先で、予算に余裕がある場合は、バーチャージがかからない量を買うほうが追加負担がなく、割安になるということです。

　最後に、金を売却して利益が出た場合について押さえておきましょう。

　個人の投資として保有していた金を売却し、利益を得た場合は、税法上は譲渡益となり、所得税が発生します。

譲渡益は、「売却価格─（取得価格＋売却費用）」で計算します。

　また、譲渡益はその他の譲渡益と合算して、特別控除の50万円を引いた額が課税対象となります。

　ただし、保有期間による優遇制度があります。

　利益を生んだ金が購入から5年以内のものだった場合は、右で説明した計算式で課税金額が決まります。

　5年より長く保有し、売却して利益が出た場合は、右の式で計算した課税金額の半分が課税金額になります。

　この点から見ると、税金面では、金は長く保有するのがよいといえるでしょう。

　売却せずに誰かにあげる（贈与する）場合は、遺産として家族などが相続する場合は相続税、生前にあげる場合は贈与税がかかります。

　相続の場合は、持ち主が死亡したときの小売価格で金の価格を計算します。贈与の場合は、贈与する日の小売価格で金の価格を計算します。

── ◯　偽 物 に 注 意

　金の現物投資でもう1つ注意したいのは、偽物を摑んでしまうリスクです。

　金は世界的に価値が認められています。

　金の歴史の裏側に、一攫千金を狙う錬金術の挑戦があることからもわかるとおり、金で儲けようと考える人はたくさんいますし、偽物で儲けようとする人もいます。

一般の人が金の真贋を見抜くのは不可能に近いですし、プロの鑑定家ですら騙されそうになる精巧な偽物もあります。

　では、どんな偽物があるのでしょうか。

　代表的な偽物は2種類あります。

　1つは、金の純度をごまかしているものです。

　例えば、実際は14金（K14）であるにもかかわらず、地金には18金を表すK18や、純金を表すFINE GOLDの刻印がされてあるようなものです。

　偽物の2つ目は、金以外の金属に金を貼り付けた金メッキ製品を、金の地金に見せかけるものです。

　金と比重が近いタングステン（原子番号74番、元素記号W）という金属に金メッキをして、K14やK18などと刻印してあるものがその例といえます。

　金メッキの製品には、メッキを表すGPと刻印するのがルールで、18金の金メッキ製品にはK18GPと刻印しなければなりません。

　このGPをあえて付けないことにより、タングステンなどの金メッキ製品を純粋な18金地金に見せかけるわけです。

　日本国内の地金商、宝飾店、百貨店などであれば、このような偽物を買ってしまうリスクは、ゼロとはいいませんが、かなり低いでしょう。

　気を付けたいのは、ネット経由などで海外の店から買う場合や個人から買う場合です。

　偽物を摑んでしまうリスクを抑えるためにも、買う店はきちんと選ぶようにしましょう。

2 金のETF

金の現物を持つことにこだわらないのであれば、金価格と連動するETFを検討してみましょう。

ETFとはExchange Traded Fundの頭文字で、株のように市場で売買されている上場投資信託のことを指しています。

投資信託の一種ですので、複数の投資家から資金を集め、そのお金を運用して金などに投資しています。

金のETFの場合は、投資家から集めたお金を使い、金や、後ほど紹介する金の先物取引などに投資する仕組みです。

低コストで金に投資できる

ETFを売買するためには、上場株の売買と同様に証券会社に口座を作る必要があります。

口座があり、株式市場が開いているときであれば、いつでも買うことができます。

積立で買っていくこともでき、現金化したいときにはいつでも市場で売却できます。

また、現物投資と比べてコストも安く収まります。

ETFの売買にかかるコストは、売買手数料と信託報酬です。

売買手数料は売買する証券会社に払うもので、証券会社によって差はありますが、ネット証券の場合で、だいたい買付価格の0.5％くらいです。

信託報酬はETFを運用する会社に払うコストで、商品によって異なります。一般的には年0.2〜0.4％前後が目安です。

売却時に利益が出た場合はほかの株と同じように税金がかかります。

ただし、NISA口座で買う場合は利益にかかる税金は非課税になります。

米ドル建てETF

メジャーな金のETFとしては、米ドル建てのETFでSPDRゴールド・シェアーズ（GLD）と、iシェアーズ・ゴールド・トラスト（IAU）などがあります。

金に投資するETFや投資先に金を含むETFはいくつもありますが、次にあげた2つは他のETFよりも資産額（1口あたり純資産額）と、出来高（取引数量のこと）が大きいのが特徴です。

○ **おすすめの金のETF**（米ドル建て）

	SPDRゴールド・シェアーズ	iシェアーズ・ゴールド・トラスト
ティッカー	GLD	IAU
上場取引所	ニューヨーク証券取引所	ニューヨーク証券取引所
投資資産総額 （2020年12月31日時点）	710億ドル	319億ドル
信託報酬	0.40%	0.25%
最低投資金額 （2020年12月31日時点）	178.36ドル	18.13ドル

　資産総額や出来高が重要なのは、投資している人が多いほど売買の安定につながるためです。

　また、たくさんの資金が集まっているため、その資金を活用してより広い範囲に投資することができます。

　つまり、複数の投資先や投資方法を取り入れやすくなり、分散投資によってリスクを抑えられるということです。

◯ 円建てETF

　金価格と連動する円建ての ETF では、東京証券取引所で売買できる SPDR ゴールド・シェア（証券コード 1326）や、純金上場信託（現物国内保管型）（証券コード 1540）などがあります。

　これらも国内で売買できる金の ETF の中では規模が大きく、1口（株）数万円から買うことができます。

◦ おすすめの金のETF（円建て）

	SPDRゴールド・シェア	純金上場信託 （現物国内保管型）
証券コード	1326	1540
上場取引所	東京証券取引所	東京証券取引所
純資産総額 (2020年12月31日時点)	7兆3648億円	1376億円
信託報酬	0.40%	0.44%
最低投資金額 (2020年12月30日時点)	18250円	6090円

3

金 の 投 資 商 品

先物は
専業トレーダー向け

　現物を持たない金投資として、金の先物を取引することもできます。

　ただし、先に書いておきますが、これから投資を本格的に始めようとしている人などには、先物はおすすめしません。

　先物は、機関投資家や投資専業のトレーダーなどが手持ちの資産のリスクヘッジのために使うことが多く、その点では使い勝手がよい商品です。

　しかし純粋な長期投資であれば、積立投資によって買い付けるタイミングを分散したり、1回あたりの買付金額を抑えることなどによってリスクを低減できます。

　つまり、わざわざ先物を使う必要性が低く、前述した現物とETFの組み合わせで十分だということです。

　その点を踏まえた上で、先物の基本的な仕組みについて説明します。

金先物取引の仕組み

　先物取引は、先という字が入っていることからもわかるように、将来の取引価格を先に決めて、あとで実際の取引を行うこ

とです。

　例えば、「2ヶ月後に金が値上がりしているだろう」と予想する場合、「2ヶ月後に現在の価格で金を買う約束」を取引します。

　2ヶ月経ったときに金価格が上昇していれば、2ヶ月前の安い価格で金現物を受け取ることができます。

　先物取引は全て、取引の期限が決まっています（限月といいます）ので、ほとんどの証券会社や投資家は現物を受け取る前にこの期間内で決済して損益を確定させます。

　金先物の場合は2ヶ月ごとで、日本の市場では、直近の2ヶ月後の先物から、2ヶ月ごとに最長12ヶ月まで、計6種の先物を売買することができます。

　さて、値上がりを見据えて先物を買っていた場合、実際に金価格が上がっていけば、期限が来る前に売却して、買ったときの価格との差額を利益とすることができます。

　また「2ヶ月後に金が値下がりしているだろう」と予想するのであれば、「2ヶ月後に現在の価格で売る約束」を取引しておけば、価格が下がったときに利益が得られます。

　先物の特徴は、この「売り」（空売り）ができることです。

　先物取引でもう1つ特徴的なのは、少額の資金を証拠金として預けることにより、その金額の何倍もの金額で取引ができることです。このような取引をレバレッジ取引といいます。

　例えば、金1グラムが7000円のとき、1キロの金を現物で取引をするためには700万円の資金が必要になります。

しかし、先物取引であれば、取引額の10分の1（倍率は取引業者やその時々の相場状況によって異なります）の70万円を証拠金として口座に入れておけば、700万円分の取引ができます。

　この仕組みは、少額の資金で大きな取引ができるという点で資金効率がよいといえます。

　しかし、資金以上の取引をするリスクも考えなければなりません。

　右のケースの場合、700万円分の取引をしているわけですので、価格が1割動いて70万円の損失が出た場合、預けてある証拠金が全てなくなります。

　このようなリスクとうまく付き合うために、先物取引は売買やリスク管理の面で経験、知識、技術が求められるのです。

4 金鉱株

　金投資では、金ではなく、金を採掘する鉱山会社に投資することもできます。

　このような投資のことを金鉱株投資や金鉱銘柄投資とよびます。

　第1章で触れたウォーレン・バフェットの投資も金鉱株投資です。

　金鉱株投資は、金鉱会社に直接投資する株式投資と、金鉱会社に投資する投資信託（ETF）に投資する方法があります。

未上場の金鉱株

　まずは金鉱会社への株式投資について見てみましょう。

　金鉱会社の株価は、基本的には金価格と相関性が高く、金価格が上昇しているときに株価が上がり、金価格が下落しているときは株価も下がります。

　その理由はいくつかありますが、重要なのは金価格と採掘コストとの関係です。

　金を掘り出すためにかかる最低限の採掘コストは、金価格が上がっても下がってもあまり変わらないものです。

　なぜなら、金価格が上昇したとしても、多少は人を増やして

人件費が上がることがあるかもしれませんが、機械代、燃料代、本社の運営費用などが大きく変わるわけではないからです。

その状態で金価格が上がれば、以前と同じコストで採掘している金が高く売れることになります。

その分の利益の増加を見込んで、金鉱株の株価も金価格と連動しやすくなるわけです。

逆に、金価格が下がると、以前と同じコストで採掘している金を安売りすることになるため、その分だけ利益が減り、利益の減少を見込んで金鉱株の株価が下がりやすくなります。

この関係を踏まえると、もともと採掘コストを切り詰めている会社、本社の運営費用などが最適化されている会社、十分な資産がある会社などは、金価格の値下がりによる利益減少の影響を受けにくいため、金価格が下がっても株価が下がりにくいといえます。

逆に、採掘コストが高い会社は、金の値下がりによって金価格が採掘コストを割り込み、赤字になる可能性が高いといえます。

また、金鉱株投資は会社への投資ですので、個々の鉱山会社の業績や成果も強く影響します。業績などが反映されるため、株価の値動き（ボラティリティ）も金価格の値動きより大きい傾向があります。

この点については、各社が開発している鉱山の状態に目を向ける必要があります。

鉱山開発は、まず調査を通じて金があるかどうか確認するステージからスタートし、採掘、生産へと進んでいきます。

調査のステージは、「ここに金鉱があるかもしれない」という予測に基づき、地質試験などを行っている状態です。

　そのため、実際に見つかれば大きな利益が見込めますが、ハズレで終わる可能性もあります。

　投資先としてはリスクが大きく、わかりやすく言えば、宝探ししている会社の株を、宝くじ感覚で買うようなものといえるでしょう。

　また、このタイプの会社は未上場であることが多いという特徴もあります。

　投資先を見つけづらく、投資リスクも大きいため、このステージの株は見送るのが無難だと思います。

　余談ですが、私はかつてこのステージの金鉱会社を探していた時期があり、開発案件が多い新興国を中心に各地を見て回った経験があります。

　そのときに感じたのは、このステージの開発に関わっている人は、地質学者から資金集めを担当する営業マンまでリスクテイカーが多いということです。

　また、投資家も一攫千金を狙う人が多く、地域の政治家、軍隊、警察、マフィアなどから怪しいお金が注ぎ込まれているのではないかという噂もよく耳にしました。

　このようなことからも、未上場の金鉱株は避けたほうがよいと思います。

　当たれば100倍も夢ではありませんが、成果を出せず、消えていく会社もたくさんあるのです。

上場している金鉱株

　調査のステージを経て、データなどから「どうやらここに金鉱がありそうだ」とわかった会社は、次の採掘ステージに入ります。

　採掘にはコストがかかるため、採掘ステージに入る企業はこのタイミングで上場し、市場からお金を集めるケースが多いといえます。

　逆に言えば、上場している鉱山会社は「金が取れる」というある程度の見込みを持っている会社である可能性が大きいということです。

　そのような会社が多く上場しているのが、金の産出量が多いオーストラリアのオーストラリア証券取引所（ASX）、カナダのトロント証券取引所（TSX）、トロントベンチャー証券取引所（TSXV）です。

　アメリカやイギリスの市場にも金鉱株はありますが、その多くは安定的に生産できるステージまで漕ぎ着けている会社で、時価総額10億円以下の小さな会社はオーストラリアとカナダの市場で上場していることが多いのです。

　上場するということは、証券取引所の上場基準を満たしているということですので、それなりの信頼感はあると思います。

　例えば、ASXに上場している多くの会社は、探鉱の結果や鉱物資源量の予測などを報告する際にJORC Code（Joint Ore Reserves Committee Code・鉱物資源量及び鉱石埋蔵量の報告に関する

大洋州規程）という規程を満たす必要があります。

　ただし、国によって基準は異なります。

　オーストラリアとカナダとの比較では、カナダのほうが基準が厳しいといわれ、カナダの金鉱会社や市場の関係者は、オーストラリア証券取引所のJORCが緩い基準であることを揶揄して、JORCはJOKEといったりすることもあります。

　そのため「会社としての安心感という点で見れば、カナダに上場している会社のほうが安心して買える」という考え方を耳にすることもあります。

金の投資商品

5 金鉱株のＥＴＦ

　金鉱株は個別企業への投資ですので、株価の値動きが大きくなり、最悪のケースとして、その会社が上場廃止になるリスクも取らなければなりません。

　そのリスクを抑えるのが、金鉱に関連する会社の株に分散投資するＥＴＦです。

　金鉱株ＥＴＦの中でもっとも有名なのは、ヴァンエック・ベクトル金鉱株ＥＴＦ（GDX）です。

　GDXは、アメリカやカナダの金鉱関連銘柄を大型から小型まで幅広く投資するＥＴＦで、アメリカ市場の金鉱株指数（GDMNTR）と連動するように設計されています。

　株価はコロナショックで一時的に下落しましたが、その後はすぐに回復し、コロナショック前の水準を超えて株価を伸ばしています。

　投資先は、国別ではカナダが過半数を占め、アメリカと南アフリカを足すと9割を超えます。

　投資先銘柄は、ニューモント・マイニング（アメリカ）やバリック・ゴールド（カナダ）など時価総額が大きい大型株が大半を占めています。

　コストは0.53%（2020年12月時点）ですので、金価格と連動するＥＴＦと同等か、少し高めです。

○ おすすめの金鉱株ETF

	ヴァンエック・ベクトル 金鉱株ETF	ヴァンエック・ベクトル 中小型金鉱株ETF
ティッカー	GDX	GDXJ
上場取引所	ニューヨーク証券取引所	ニューヨーク証券取引所
純資産総額 (2020年12月31日時点)	165億ドル	63億ドル
信託報酬	0.53%	0.54%
最低投資金額 (2020年12月31日時点)	36.02ドル	54.24ドル

　同系列のETFで、中小型の金鉱株と連動するタイプには、中小型金鉱株ETF（GDXJ）があり、これもGDXと同様に人気があるETFです。

　GDXと異なる点は、投資先銘柄を時価総額50億円を下回るくらいの中小型銘柄に絞っている点と、金鉱株のインデックスと連動するように設計されている点です。

　値動きはGDXと近く、コロナショックから半年が経った時点で、コロナショック前の株価より2〜3割ほど値上がりしています。

　金鉱株と、金鉱株のETFは、前述の通り金価格の値動きに影響を受けます。

ただし、完全に連動しているわけではありません。

　その理由は、これらは企業への投資であるため、景気の影響を受け、株式相場との相関性もあるからです。

　そのため、クラッシュなどが原因で金価格が大きく上がるときでも、金価格と比較すると、GDX や GDXJ の上昇率は小さくなる傾向があります。

6

銀・プラチナ・パラジウムのETF

　金以外の貴金属についても見てみましょう。

　金以外の貴金属で市場でよく売買されているのは、前章でも紹介した銀、プラチナ、パラジウムです。

　まず現物投資という観点で見ると、銀は現物投資ができますが、銀は金よりも安価で場所をとるため保管コストがかかります。

　さらに、金と違って変色するため、品質にはほとんど影響がないものの、手元に置いて輝きを見て楽しむという点で見ても現物投資にはあまり向いていないかもしれません。

　プラチナとパラジウムは価格帯としては金と同じくらいですが、いずれも金と比べて取引量が少ないため、購入時にかかる手数料やスプレッド の負担が大きくなる傾向があります。

　そのため、これら3種の貴金属は、それぞれの価格と連動するETFを検討するのがよいでしょう。

　銀価格との連動を目指しているETFには、米ドル建てのiシェアーズ・シルバー・トラスト（SLV）がおすすめです。

　プラチナのETFは、アバディーン・スタンダード・フィジカル・プラチナ・シェアーズETF（PPLT）がおすすめです。

　パラジウムのETFは、アバディーン・スタンダード・フィ

ジカル・パラジウム・シェアーズETF（PALL）がおすすめです。

　円建てで、東京証券取引所で売買できるETFでは、銀は、純銀上場信託（現物国内保管型）（証券コード1542）、プラチナは、純プラチナ上場信託（現物国内保管型）（証券コード1541）、パラジウムは、純パラジウム上場信託（現物国内保管型）（証券コード1543）などがあります。

　これらも国内で売買できる貴金属のETFの中では規模が大きく、1口（株）数千円から数万円で買うことができます。

　ちなみに、ここであげた3つのETF（1542、1541、1543）と、金のところで紹介した1540は、ETFの信託委託会社が現物を持ち、それらを裏付けとして価格が動いています。

　また、一定の口数になると、ETFを現物の地金と交換することができます。

○ おすすめの銀・プラチナ・パラジウムのETF（米ドル建て）

	iシェアーズ・シルバー・トラスト	アバディーン・スタンダード・フィジカル・プラチナ・シェアーズETF	アバディーン・スタンダード・フィジカル・パラジウム・シェアーズETF
ティッカー	SLV	PPLT	PALL
上場取引所	ニューヨーク証券取引所	ニューヨーク証券取引所	ニューヨーク証券取引所
投資資産総額 (2020年12月31日時点)	147億ドル	13億ドル	3.5億ドル
信託報酬	0.50%	0.60%	0.60%
最低投資金額 (2020年12月31日時点)	24.57ドル	100.73ドル	229.56ドル

○ おすすめの銀・プラチナ・パラジウムのETF（円建て）

	純銀上場信託 (現物国内保管型)	純プラチナ上場信託 (現物国内保管型)	純パラジウム上場信託 (現物国内保管型)
ティッカー	1542	1541	1543
上場取引所	東京証券取引所	東京証券取引所	東京証券取引所
投資資産総額 (2020年12月31日時点)	86億円	161億円	16億円
信託報酬	0.55%	0.55%	0.55%
最低投資金額 (2020年12月30日時点)	8180円	3250円	66600円

7 ビットコイン

最後に、ビットコインについても触れておきましょう。

「貴金属投資の話でビットコイン？」と思う人もいるかもしれません。

ビットコインは目には見えず、手で触れることもできませんが、デジタルゴールドと呼ばれるように、金を含むコモディティ商品の1つと考えてもよいでしょう。

ビットコインは、ウォレットと呼ばれる仮想通貨用の口座を作れば、いつでも現物を買うことができます。

1BTCは200万円を超えるため（2020年12月時点）一度に買うのはコストがかかりますが、ほとんどの口座が0.1BTC、0.01BTCといった単位で購入できるため、コツコツと買いながら増やしていくことが可能です。

また、取引の場としては販売所と取引所があります。

販売所は、ビットコインなどの取引業者から仮想通貨を買う場所です。

一方の取引所は、株でいうところの証券取引所のようなもので、取引する人たちの売買注文によって取引が成立します。株と同じように、価格を指定して注文を出すことができるのも取引所のほうです。

販売所も取引所も同じ仮想通貨を扱いますが、価格は異なり

ます。販売所は取引業者が相手で、いつでも仮想通貨を売買できるというメリットがありますが、その分、取引所で成立している価格（時価）と比べると、買値が高く、売値が安くなります。

　取引所は、市場の誰かと価格が折り合わなければ売買が成立しないというデメリットがあり、その分、販売所よりも買値が安く、売値は高くなります。

　取引所についてもう1つ押さえておきたいのは、仮想通貨の取引業者がそれぞれの市場を作り、その中で売買が行われているという点です。

　株やETFは証券取引所が主体となって売買が行われるため、取引する人たちが1ヶ所に集まって売買をしています。

　しかし、仮想通貨はその点が違います。

　イメージとしては、規模が小さい仮想通貨専用の取引所が、国内外にいくつもあるようなものです。

　また、利用者が多く、取引が活性化している取引所であれば買い手と売り手の需給を踏まえた価格に落ち着きますが、人が少ない取引所の場合は、相場より高く売っていたり、安く売ることになる可能性があります。

　ビットコインは、金と比べると株式相場との相関性が高く、株価の急落に伴い、ビットコインの価格が下がることもあります。

　また、1章でも触れた通り、金を含む貴金属は人工的に作ることが難しく、供給量がほとんど増えませんが、ビットコインを含む仮想通貨全体の供給量は増やせます。

　ビットコインの発行量には上限があっても、他の仮想通貨が

増えれば、仮想通貨全体の供給量が増えるのです。

　供給量に左右されるという点は金などの貴金属と大きな違いです。

　そのため、資産を分散するという点から見るとビットコインを持つ価値はありますが、長期で安定的に資産を増やすという点から見ると、将来的に新たな通貨が生まれる可能性がある仮想通貨よりも、供給量の上限が見えている金のほうがよいと言えるでしょう。

　さて、金関連の商品を把握したら、次はいよいよ実践です。

　どんな貴金属を、どんなふうに買っていくのがよいのでしょうか。

　次章ではその方法を考えてみましょう。

第 4 章

長期の投資戦略

ルールを決めて機械的に積立てる

1 長期・分散・積立が 3大原則

この章では、金投資の具体的な方法を見ていきます。

金や金関連の投資商品はいくつかありますが、私がおすすめしたいのは、金現物、金のETF（米ドル建てと円建て）、銀・プラチナ・パラジウムのETF、ビットコインです。

これらを組み合わせて、分散効果が高い資産を作っていきましょう。

私がおすすめする金投資のキーワードは3つあります。「長期」「分散」「積立」です。

◯ （1）長期

1つ目のキーワードである「長期」には、「短期で資産は作れない」という現実をきちんと踏まえることで、焦ったり、慌てたり、その結果として過度なリスクを取りすぎたりするのを防ぐことが大事という意味があります。

また、金や金関連の商品は常に価格が変わるため、時間をかけて買うタイミングを分散することで、高いときに一度に買ってしまうリスクを抑えることができます。

（2）分　散

　2つ目のキーワードの「分散」は、買うタイミングを分ける時間分散と、投資先を分ける商品の分散を心がけるという意味です。

　投資期間が長期になるほど、想定していないことが起きる可能性は大きくなります。

　どこかの国が破綻したり、急激なインフレが起きたり、大きな自然災害が発生するなど、市場のクラッシュを誘発するような出来事も、残念ながらいつかきっと起きるだろうと思います。

　重要なのは、そのようなリスクを認識した上で、ダメージを軽減、または回避できる対策をしておくことです。

　1章では、金投資が「保険」になり、株や現金を持つリスク対策になるという話をしました。

　その考えを大前提とした上で、金投資そのものについても複数の商品を組み合わせて分散します。

　理論上、投資先を分散するほどリスクが低くなり、同時に投資のパフォーマンス（利回りや利益率）も下がりやすくなります。

　ただ、金はこれまで説明してきたとおり、供給量に上限があり、マネーサプライの増加やインフレリスクに向かうトレンドなどが追い風になるため、株などの分散投資と比べて、パフォーマンスはそれほど下がらないと思います。

◯ （3）積立

　３つ目のキーワードである「積立」は、毎月一定の金額で金や金関連の投資商品を買っていくことです。

　積立サービスを使えば自動的に投資商品を増やしていくことができます。

　自分でタイミングをはかって買う方法（金現物投資ではスポットと呼びます）と比べると、値動きなどを確認する必要がありませんし、買い忘れ防止にもなります。

　値動きを見ずに買っていく方法なら、「増えた」「減った」といったことで気持ちが揺さぶられることも少なくなるでしょう。

　また、月々の積立額を自分で決められるため、負担のない範囲で投資できますし、少額でもすぐにスタートできます。

　パフォーマンスの面から見ると、毎月の購入額を決めて積立てることにより、安いときに多く、高いときは少なく買うことになります。

　これを長期で繰り返していくと、毎月買う量を決めて積立てる場合と比べて取得単価が安くなります。

　これをドルコスト平均法と呼びます。

　金価格がいつ上がり、いつ下がるかわかるのであれば、安いときを狙ってスポットでたくさん買うのが理想でしょう。

　しかし、値動きを完璧に当てられる人はいませんし、外した場合は損失が大きくなります。

ある程度まで精度高く予測することはできますが、そのためにはチャートなどを勉強する必要がありますし、日々、値動きを観察するための時間や手間もかかります。

　つまり、値動きを読む自信がない人、相場を確認する時間や手間がかけられない人やかけたくない人にとって、積立はもっとも簡単で、もっとも効率よく資産を増やしていける方法といえるのです。

2 積立開始の 準備をしよう

では、何から手をつければよいのでしょうか。

やることはシンプルです。

◯ 証券会社の選び方

まず、金の現物、金を含む4つの貴金属のETF、ビットコインを積立投資していくための口座を作ります。

金の現物投資は、純金積立サービスがある地金商や証券会社に口座を作ります。

その際のポイントとしては、積立だけでなく、スポット購入もできる会社を選ぶのがよいと思います。

コモディティは基本的には積立で増やしていきますが、積立に慣れてきたら、「安い」と思ったときに買い増ししたり、臨時ボーナスを手にするなどして余剰資金が増えたときに追加購入したりすることがあるかもしれません。

そのようなときに、スポットでも買える口座のほうが便利なのです。

ちなみにスポットは「その場」「その時点」という意味の言葉で、言葉の通り、そのときの値段で、ほしい分だけ買うことを指します。

貴金属の ETF は、証券会社の口座を作ります。

投資先を分散するためにドル建ての商品も買いたいので、米国株が買える証券会社を選ぶとよいでしょう。

ビットコインは、仮想通貨の取り扱い業者で口座（ウォレット）を作ります。

いずれの商品も長期で積立てるため、購入回数が多くなり、保有期間が長くなります。

そのため、購入の際にかかる手数料はなるべく安いほうがよいですし、毎年かかる口座管理料についても、他社より安いか、できれば無料の会社を選ぶとよいでしょう。

── ◯ 毎月の投資額を決める

次に、月々の家計の状況、貯金額、直近で大きな支払いの予定があるかどうかを確認して、毎月の積立額を決めます。

口座と月々の投資金額が決まったら、ぼんやりでよいので積立の期間を決めます。

私がおすすめする長期投資は、基本的には老後の生活資金を作るためです。

そのため、定年して仕事を引退するまで20年あるなら20年くらい、15年なら15年くらいと設定すればよいでしょう。

仕事を引退すると、ほとんどの人が年金だけでは足りず、貯蓄を切り崩しながら生活費を捻出することになります。

その状況で金を積立てていくのは難しいでしょうから、ここが積立終了の目安になるだろうと思います。

月々の積立額と引退するまでの年数を掛け算すれば、老後の生活資金としてどれくらいのお金を準備できるかも把握できるでしょう。

　総額を計算してみて「意外と少ないな」と思うのであれば、少し生活費を切り詰めるなどして積立に回すお金を増やしてみましょう。

　ちなみに、積立期間と積立終了時の資産は把握しておいたほうがよいと思いますが、積立てた資産の使い道は考えなくてよいと思います。

　積立が終了しても、そのときまでに積立ててきた金などの資産を現金化する必要はありません。

　年齢を重ねるほど投資する必要性は下がり、金や株のように値動きする投資商品より現金を持つほうがよいといえますが、そうは言っても手持ちの投資商品がゼロになることはないでしょう。

　資産が現金のみになれば、インフレが起きたときに、資産が目減りするリスクが大きくなります。

　そう考えれば、老後の生活費が足りなくなった場合は必要な分だけ現金化してもよいと思いますが、切り崩さなくてよい分については、無理して現金化せず、「保険」として半永久的に持ち続けてもよいと思います。

　私自身も、金などの投資資産を現金化する予定は決めていませんし、使い道も考えていません。

3 ポートフォリオの内訳

　話を戻しましょう。

　積立を始められる環境が整ったら、どの商品を、どれだけ買うか決めて、申し込みます。

　ここで「分散」を考えます。

　分散の配分（ポートフォリオ）には「これ」という正解はありません。

　リスクの許容度、収益性、安全性などに対する考え方は人それぞれです。

　例えば、独身のときと子育て中では、リスクの許容度は変わります。若い人と定年が近づいた人とでは、収益性や安全性に対する考え方が異なるでしょう。

　さらに、その時々の相場環境によっても、最適なポートフォリオは変化します。

　そのため、ここでは私が個人的に最善だと思う配分を紹介します。

　まず、投資可能な資金を短期投資分として 10 〜 30%、長期投資分として 70 〜 90% の割合で分けます。

　次に、長期投資用の資金（全体の 70 〜 90%）を、以下の 3 つに、各配分を目安にして分けます。

○ 長期積立投資のポートフォリオ

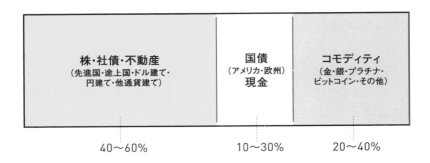

株・社債・不動産 （先進国・途上国・ドル建て・ 円建て・他通貨建て）	国債 （アメリカ・欧州） 現金	コモディティ （金・銀・プラチナ・ ビットコイン・その他）
40〜60%	10〜30%	20〜40%

（1）景気上昇を想定した資産（リスク・リワードが大きい資産）

　株、社債、不動産（先進国・途上国・ドル建て・円建て・他通貨建て）に40〜60％を配分します。

（2）景気低迷に備える資産（リスク・リワードが小さい資産）

　国債（アメリカ・欧州）、現金に10〜30％を配分します。

（3）上記の2つと連動性が薄い資産

　コモディティ（金などの貴金属・ビットコイン・その他のコモディティ）に20〜40％を配分します。

本書のテーマである金や金関連の投資商品は、長期投資用の資金（全体の70～90％）の中の、コモディティ（20～40％）に入ります。

　つまり、投資可能な資金全体のうち、最低14％、最大36％の資金を金などのコモディティに使うということです。

　仮に月々投資可能な資金が10万円だとしたら、金などのコモディティに使うお金は1万4000円～3万6000円です。

　月々の投資資金が5万円なら、その半分の7000円～1万8000円を目安にして金などのコモディティを積立てていきます。

金投資が長期積立に 向いている理由

　では、現在のみなさんのポートフォリオはどうなっているでしょうか。

　私の周りの投資家を例にすると、それなりの投資経験があり、株などを持っている人のポートフォリオは、長期積立に使っている資金が少ない傾向があります。

　なかには長期で積立てている人もいますが、積立資金の配分を見てみると「景気上昇を想定した資産」の比率が大きく、「景気低迷に備える資産」と「コモディティ」の比率が小さいか、ゼロに近いケースが多いといえます。

　このタイプのポートフォリオは、景気が良いときは大きなリターンを得られますが、クラッシュなどが起きたときに一気に資産を減らす可能性があります。

　そのリスクを抑えるためにも、長期積立を前提としつつ、最低でも20％はコモディティを積立ててほしいと思います。

投資経験が少ない人は、 長期積立から始めよう

　一方、過去に投資経験がない人や、「現金が安全」と思っている人は、資産のほとんどを現金で持っていることが多く、「景気上昇を想定した資産」と「コモディティ」の比率が非常

に少ない傾向があります。

　このタイプのポートフォリオは、不景気になってもあまりダメージを受けません。

　不景気はデフレを伴うことが多いため、現金の比率が多ければ多いほど資産の価値は高くなります。

　ただし、資産は増えません。

　銀行口座に入ってくる給料などの収入が、そのまま生活費として消えていますので、十分な金額の給料が定期的に入ってくるうちはよいのですが、金額が減ったり、年金暮らしになったときなどに生活費が足りなくなる可能性があります。

　そのような未来を避けるためには、少額からでよいので長期の積立を始め、適度なリスクをとることが大事ですし、インフレリスクに備えてコモディティへの投資にも目を向けてほしいと思います。

　念のため、私がこのようなポートフォリオに行き着いた根拠を書いておきましょう。

　私がおすすめするポートフォリオは、私がウォール街で働いているときに、プロのトレーダーや営業部門が推奨していた長期投資のポートフォリオを前提としています。

　トレーダーや営業部門は、主に景気上昇を想定した資産（株など）と、景気低迷に備える資産（債券など）を扱います。

　比率的には、景気と連動性が高い株などが70％、債券のような安全資産が25％で、コモディティは5％くらいしか扱いません。

しかし、その背景には、株や債券をすすめるほうが金などコモディティをすすめるよりも手数料収入が大きくなるという事情が影響しています。

　その分を差し引くと、コモディティの比率はもう少し大きくてもよいと思いますし、長期投資の場合は「保険」として持っておくことも大事です。

　そのようなことを考えて、景気上昇時に強い株などを 40 〜 60％、景気低迷時に強い債券などを 10 〜 30％、金を含むコモディティを 20 〜 40％という比率にたどり着いたのです。

　ちなみに、コモディティという言葉は、一般的には原油などのエネルギー類や、トウモロコシや大豆などの穀物を含みます。

　ただ、私が考えるポートフォリオのコモディティは、これらをメインにはしていません。

　というのも、これらは供給量をコントロールできる商品であるため、将来的に供給量の増加によって値下がりするリスクがあるためです。

　また、原油などのエネルギー類は景気との相関性が高く、不況のときに株などと一緒に値下がりする可能性があります。

　景気と連動する投資商品は「景気上昇を想定した資産（リスク・リワードが大きい資産）」で買いますので、「安全資産」や「保険」という観点から見て、これらは長期の積立で買う必要性は低いと考えています。

5 金以外の貴金属にも バランスよく投資する

　次に、買い方を考えてみましょう。

　前述したように、金などへの投資は、投資可能な資金全体のうち最低で14％、最大で36％です。

　この資金を、さらに分散投資します。

　例えば、金を含むコモディティへの投資額を、長期投資分の30％に決めたとしましょう。

　私なら、この30％のうちの3分の1を金や金関係の商品に投資します。

　その中で、半分を金のETF（米ドル建て、円建て）に投資して、残りの半分を金鉱株か金の現物に使います。

　30％の中で、残りの金以外への投資については、銀、プラチナとパラジウム、仮想通貨、その他のコモディティに均等に投資していきます。

　さて、整理してみましょう。

　各商品への投資配分を見ると、全体で30％のうち、金のETF（米ドル建て、円建て）が5％、金鉱株または金の現物が5％、銀が5％、プラチナまたはパラジウムが5％、ビットコインが5％、その他のコモディティが5％です。

○ コモディティのポートフォリオ

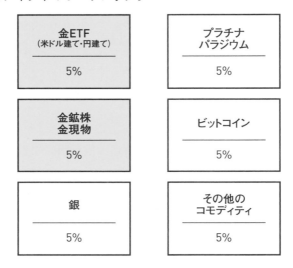

| 金ETF
(米ドル建て・円建て)
5% | プラチナ
パラジウム
5% |

これは私が考える一例ではありますが、株式市場のクラッシュなどに備えつつ、かつコモディティ分野においても多様な商品にリスク分散できるポートフォリオだと考えています。

少額投資なら
「月替り」で買う

　投資資金が少額の場合、ここまで細かく分散できないことも
あるだろうと思います。

　投資商品にはそれぞれ最低投資金額がありますので「あれも
これも買いたい」と思っても予算的に買えないことがあるかも
しれません。

　そのようなときは、まず金のETFを優先して買うのがよい
でしょう。

　その理由は、コモディティ投資の最も重要な理由が「相場の
クラッシュに巻き込まれないための保険をつくること」だから
です。

　その点から見ると、金鉱株と、銀、プラチナ、パラジウム、
ビットコインなどは、金よりも景気や株式市場との相関性が高
いため、後回しでよいと思います。

　景気連動型の投資商品は、「景気上昇を想定した資産（リス
ク・リワードが大きい資産）」で買えばよいからです。

　また、金の現物は、景気や株式市場との相関性は薄いのです
が、購入や維持管理にかかるコストが高いのが難点です。

　そのような点を踏まえると、優先したほうがよいのは金の
ETFで、資金が少ない場合は、米ドル建てと円建てのETFを
月々交互に買っていくのがよいでしょう。

○ コモディティを分散して買う方法

1月 金ETF （米ドル建て・円建て）	**2月** 金鉱株または 金現物	**3月** 銀ETF	**4月** プラチナまたは パラジウムETF
5月 ビットコイン	**6月** その他の コモディティ	**7月** 金ETF （米ドル建て・円建て）	**8月** 金鉱株または 金現物
9月 銀ETF	**10月** プラチナまたは パラジウムETF	**11月** ビットコイン	**12月** その他の コモディティ

　あるいは、少し手間はかかりますが、金のETFからビット
コインまで全ての商品を、月替りで買っていく方法もあります。
　例えば、1月は金の米ドル建てETFか円建てETF、2月は
金鉱株か金の現物投資、3月は銀、4月はプラチナかパラジウ
ム、5月はビットコイン、6月はその他のコモディティといっ
たようにです。
　この方法であれば、半年経てば金と金関連の投資商品を揃え
ることができます。
　そして次の半年で、1月に買えなかった米ドル建てETFか
円建てETFのどちらか、2月に買えなかった金鉱株と現物の
どちらか、4月に買えなかったプラチナとパラジウムのどちら

かといったように、資産を分散させながら、ひと通り揃えることができます。

この場合、おそらく自動積立のサービスは使えないため、毎月手動で、買いたい商品を買うことになります。

ただ、月に1回買い付けるだけですから、それほど負担にはならないでしょう。

月々、どの商品を買うかあらかじめスケジュールを作り、機械的に買っていけばよいと思います。

ルールを決めて
機械的に買う

　手動で買う場合に注意したいのは、月々の積立の配分を守ることと、機械的に買うことです。

　あらかじめ都合がいい日程を考えておき、毎月同じ日程で購入するのがお勧めです。

　大変に感じる方もいるかと思いますが、一度計画を立ててカレンダーに設定すれば、リラックスして投資できると思います。

　私は、例えば週末など市場が開いてないときに注文を入れています。

　市場が開いてなければ、価格の変動を気にすることもないので、その分ストレスを緩和することができるからです。

「いずれ金が上がる」と考えると、つい金を多めに買いたくなります。

　ビットコインが急騰すると、ビットコインを多めに買いたくなることもあるでしょう。

　しかし、そのような判断で買うと分散投資の効果が薄れてしまいます。

　ですから、各商品の比率を決めたら、それを自分のルールと決めて、守ります。

　毎月金を１万円ずつ買うと決めたなら、たとえ「いまが買い

時だ」と思っても、1万円という上限を守ります。

　逆に「いまは高いなあ」と思っても、1万円分はきちんと買います。感情は不要です。予想もいりません。ただ機械的に買うことが大事なのです。

───◯　精神的な負担が少ない投資法

　月々の買い方として自動積立のサービスをおすすめするのも、「高いかな」「安いかもしれない」「損したらどうしよう」といった感情や思考を入れ込むことなく、機械的に買っていくことができるからです。

　これから投資を始める人にとっては、配分を決めて機械的、自動的に買っていく仕組みを作ることが、投資に対するハードルを下げ、不安や心配を軽くすることにつながると思います。「損したらどうしよう」と心配になることもあるでしょう。大事なお金を投資するのですから、それは当然のことです。

　しかし、心配していたらキリがありません。ずっと買えません。

　例えば、コロナショック時は金が急に買われたため、歴史的に高い価格帯になりました。

　金価格が急騰したことで、銀価格に対してもかなり割高になりました。

　このようなチャートを見ると、おそらく「金は高い」「買うなら銀がいい」と考えるでしょう。

　しかし、別の見方をすると、マネーサプライの増加やインフ

レの影響を受けて、金がさらに高値を更新していく可能性があります。

　金価格に対して割安になった銀価格は、これから平均値に戻っていくかもしれませんし、しばらく割安水準が続く可能性もあります。

　未来の値動きを完璧に予想することはできない以上、心配になるのは仕方ないとしても、心配してもあまり意味がありません。

　短期的には高値で買ってしまうときもあるかもしれませんが、長期で見れば、安値で買えるときもあるでしょう。

　そう考えれば、目先の価格に捉われる必要はありませんし、買い時について深く考え込む必要もないのです。

8 チャートを見ない

　戦略的に長期投資をするうえで、機械的に買い続けていくためのコツとしては、「チャートを見ない」と決めるのがよいかもしれません。

　チャートを見て金価格が下がっていれば、「先月の買値は高かった」と思うことがあるはずです。

　上がったら上がったで「もしかしたら売ったほうがよいのではないか」と思うこともあります。

　気持ちが揺れて、そんなふうに思ってしまう可能性がありそうだと思うのなら、チャートは見ないほうがよいですし、むしろ「チャートを見ない」「アプリを開かない」と自分のルールとして決めてしまうほうが精神的に健康だと思います。

　また、金価格は常に変動するものだと覚悟しておくことも大事だと思います。

　過去の値動きを見ると、2011年に高値をつけた後は、コロナショックが起きる2020年まで金価格は低迷しています。

　2011年ごろに買った人は「高かった」と後悔するでしょうし、コロナショック後から買い始める人は「低迷しているときに買っておけばよかった」と後悔するでしょう。

　金投資に限ったことではありませんが、投資をする以上は、このようなリスクは避けようがありません。

「そういうものだ」と割り切るか、「いずれ5000ドルまで上がるだろう」「1万ドルも目指せるかもしれない」「保険として持っておくことが大事」と考えて、過去の値動きを気にしないと決めるしかないのです。

長期投資で世界トップクラスの財を築いたウォーレン・バフェットも、あえて値動きを見ないようにしている投資家の1人です。

バフェットのオフィスにパソコンがないのは有名な話です。

投資というとまずはチャート分析と考える人もいるかもしれませんが、チャートを見なくても、チャートを読めなかったとしても、長期投資はできますし、資産を増やしていけるのです。

──────◯ ニュースのチェックも不要

投資の勉強のために経済ニュースを読むのは大事だと思います。

ただし、金価格の値動きや、積立てている資産額の増減が気になってしまうタイプの人は、経済ニュースなどを毎日は読まないほうがよいかもしれません。

金価格は、各国の中央銀行の金融政策などに影響を受けますので、米ドルの供給量をコントロールしているFRBが量的緩和や緩和の縮小（テーパリング）などを発表すると、金価格が大きく動くこともあります。

このようなファンダメンタルズに関わるニュースは、短期投資の場合は見たほうがよいと思いますが、長期投資ではあまり

気にしなくてよいでしょう。

　なぜなら、長期投資の場合は、直近の米ドルの動向よりも、過去数十年にわたってマネーサプライが増えていることや、インフレに向かっていく可能性が大きいことなどのほうが重要だからです。

　また、積立てている金などの資産は、老後の生活費として貯めていくものですので、何か特別な事情がある場合を除いて、基本的には売りません。

　特別な事情とは、急に手元に現金が必要になったときや、手持ちの金価格が高騰して、ポートフォリオの配分が変化したときです。

　そう考えると、「金が高値」というニュースを読み、「売ろうかな」「売ったほうが得かな」などと考えてしまうのだとすれば、経済ニュースを読むこと自体が不要です。

　長期で積立投資していくプロセスを精神的に邪魔します。

　ニュースを読むのであれば、あくまでも経済や投資の勉強のためと割り切るようにしましょう。

　長期で積立てている金は触らず、積立方針も変えないと心に決めて、ニュースと投資を切り離して考えることが大事です。

9 ポートフォリオの
比率を維持する

　次に、手持ちの資産の管理方法について書いておきましょう。

　長期投資で重要なのは、投資する商品の比率を変えないことです。

　「株が40〜60％、債券と現金が10〜30％、金などのコモディティが20〜40％」と決めたら、この比率を守って買い続け、買った資産がこの比率内に収まっているかどうか確認します。

　比率を維持することによって分散投資の効果が高まり、長期投資している間の値動きのリスクを抑えることができます。

　あらかじめ決めた比率から多少の増減があっても問題ありません。

　注意したいのは、相場が急変するなどして比率が大きく変わったときです。

　株や金などの価格は常に変わりますので、株価が上がれば手持ちの株の比率が増えます。

　金が急騰すれば手持ちのコモディティの比率が増えます。

　コモディティの中だけで見ても、金のETFや銀などをバランスよく積立てていても、その時々の相場によって、手持ちの金の比率が金額的に大きくなったり小さくなったりします。

　この状態を放置すると、分散投資のバランスが歪み、特定の商品の値動きにポートフォリオ全体が左右されやすくなります。

それを防ぐため、あらかじめ決めた比率を意識して、定期的に手持ちの資産の比率を確認し、歪んでいる部分を調整する必要があるのです。

　この作業のことをリバランスといいます。

　リバランスの方法は2つあります。

　1つは、比率が小さくなっている分野に追加投資する方法です。

　例えば「コモディティ20％以上」と決めて積立てている過程で、金価格が下がるか、株などの資産が値上がりすることにより、コモディティの比率が10％まで下がったとします。

　このようなときに、追加資金を投じて金や金関連の投資商品を買い増しします。

　コモディティ内についても同様に、銀価格が下がって比率が減った場合には、追加資金で銀を買い足し、当初の設定に近づくように調整します。

　リバランスのもう1つの方法は、機械的に買っている積立商品の量や順番を変える方法です。

　追加資金を準備するのが難しい人も多いでしょうから、そのような場合はこの方法でリバランスしましょう。

　再び「コモディティ20％以上」と決めて積立てているケースで考えると、金価格が下がるなどしてコモディティの比率が下がったときは、株や債権の積立金額を減らすか、いったん止めます。

○ ポートフォリオのリバランス

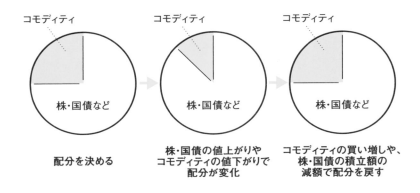

時には比率が大きくなってしまった資産を売ってもよいでしょう。

「積立」と言っても、買い続けるだけでなく、売ることもあるのです。

コモディティ内のリバランスも同じように調整します。

例えば、金の比率が増えた場合は、金の ETF、金鉱株、現物を買う資金を減らします。

減らした分の資金で、比率が下がっているその他の貴金属に投資します。

または、金の積立を一時的に休止し、その他の貴金属を買う

量を増やすことによって当初のポートフォリオの設定に近づけます。

━━━◯ 感情的に買ってはいけない

　リバランスで重要なのは、分散投資の効果が薄れないように当初の設定に戻すことです。

　そのためにも、各商品をどれくらいの割合で持つかはきちんと把握しておく必要がありますし、何よりも大事なのは、その比率をきちんと守ることです。

　いくら金を買いたくても、将来的に上がると信じていても、「コモディティ 20 〜 40％」と決めたのなら、上限は 40％です。

　金が値上がりして比率が 40％を超えたら、それ以上増えないようにします。

　株や債券などについても、「株 40 〜 60％」「債券・現金 10 〜 30％」と決めたのなら、最低でも株 40％、債券・現金は 10％持ちます。

　秩序を守ってこの配分を維持することが大事なのです。

　私自身、今の株価はバブルだと思っているので買いたくありませんし、債券や現金を持つのは機会損失だと思っていますので持ちたくありません。

　逆に、金はいずれ 5000 ドルを超えると思っていますので、できる限りたくさん買いたいと思っています。

　しかし、各商品の比率は厳守しています。

　「好き、嫌い」「買いたい、買いたくない」といった感情や、

「上がるだろう、下がるだろう」といった予想より、長期で保有していくためのリスク管理が重要だと思うからです。

具体的なリバランスの方法

少し具体的に見てみましょう。

リバランスの基本は、比率が上がったものを減らし、比率が下がったものを増やすことです。

その方法を見るために、1つ例を挙げます。

例えば、コモディティの中の配分として、金のETFと現物で計50%、銀、プラチナ、パラジウム、ビットコインで計50%にすると決めたとしましょう。

この状態で積立てていった結果、金価格が上がり、金のETFと現物で計80%になったとします。

リバランスの手順としては、まず金のETFと現物の積立を休止します。

その資金を使って、銀、プラチナ、パラジウム、ビットコインのどれかを買います。

では、金以外のどの商品を増やせばよいのでしょうか。

ここでようやくチャートの出番です。

チャートを見て、割安水準にある商品や、金価格に対する割安な商品を優先に選びます。

ただ、ビットコインは新しい資産で、適正価格が読みづらいといえます。

そのため、金の代わりに買う資産は、銀、プラチナ、パラジ

ウムの３つから選ぶのがよいでしょう。

　銀、プラチナ、パラジウムについて、それぞれのETFのチャートを見てみると、RSIの水準、MACDの向き、移動平均線と今の価格の位置関係が異なっていると思います。

　各インジケーターの読み方は次章で詳しく説明しますが、RSIの数値が低く、MACDが下向きで、今の価格が移動平均線より下にあるほど、売られていることを示し、割安水準であることを表しています。

　仮に、銀、プラチナ、パラジウムの順で割安になっているとしたら、金に投資するはずだった資金も、銀、プラチナ、パラジウムの順番で投資します。

10 ポートフォリオは 月1回の チェックで十分

　リバランスを検討するタイミングは、積立を1、2年ほど続け、手持ちの資産がそこそこ増えてきてからで十分だと思います。

　そのころになると、各商品の値上がり、値下がりによってバランスが乱れることがあるだろうと思います。

　積立を始めて間もないころは、バランスチェックは不要です。資産の総額が少ないほど、ちょっとした値動きで比率が変わり、リバランスが必要なように見えてしまうからです。

　また、そこそこ資産が増えてからも、頻繁にバランスを確認する必要はありません。

　目安としては3ヶ月に1回くらいで十分だと思います。このくらいのペースで比率チェックをルーティンにしながら、後はコロナショックのように大きな相場の変化があったときに、追加で確認してみるくらいでよいでしょう。

　もし月ごとに積立てる商品を変えるのであれば、そのついでに確認するのもよい方法だと思います。

　例えば、金鉱株と金の現物や、プラチナとパラジウムを月々交互に買うのであれば、その作業はおそらく手動で行うことになります。

　その際に、現状としてコモディティの比率がどれくらいか確

認します。

　確認作業は、数分あれば済ませられるでしょう。全体の資産額を見て、それぞれの比率を見るだけです。

　現状を見て、比率が守られているようであれば問題ありません。

　大きく歪んでいるようであれば、そのときだけリバランスを考えます。

　毎月リバランスするという意味ではありません。

　買い付けのときにリバランスが必要か確認し、必要なときにだけリバランスするということです。経験上、リバランスの機会は年に数回あるかどうか、です。

　リバランスの必要がないなら、それに越したことはありません。

　手間がかからず、ストレスがかからず、ほったらかしに近い状態で資産をつくっていけることが長期積立の大きなメリットなのです。

第 5 章

短期の投資戦略

買い時・売り時のチャートシグナル

1

長期投資の考えから
いったん離れる

　この章では、金や金関連の投資商品の短期売買について見て
みましょう。

　ここまで説明してきた通り、金は基本的には長期で持つこと
により「保険」の効果を発揮します。

　マネーサプライの増加やインフレリスクに伴う値上がりも期
待できますし、中長期的に、5000ドル、もしかしたら1万ド
ルも目指せるのではないかというのが私の見解です。

　一方、短期的にもそれなりの値動きがあり、投資パフォーマ
ンスを高めることができます。

　せっかく金について学んだのですから、その知識を長期だけ
に限らず、短期売買にも生かしましょう、というのがこの章の
主旨です。

　短期売買を考えるにあたって、最初に押さえておきたいこと
があります。

　それは、ひたすら買い続けていく長期積立の考えはいったん
忘れるということです。

　長期積立を長続きさせるポイントは、目をつむって買うこと
です。

チャートはできるだけ見ず、経済ニュースはできるだけ気に
せず、買値や値動きもできるだけ見ないようにします。

　たまに分散投資の比率が歪んでいないか確認し、大きく歪ん
でいるときにだけリバランスします。

　短期売買は逆です。

　チャートはできるだけ確認します。経済ニュースもチェック
します。買値や値動きは細かく見ます。

　長期投資は売り時を考えずに機械的に買っていきますが、短
期売買は、数日から数か月の期間を目安にして売ることを前提
としながら、買い時のベストタイミングをピンポイントで狙い
ます。

　長期積立と違い、常にチャートで値動きや方向性などを確認
しますので、投資に慣れていない人はストレスがたまるだろう
と思います。

　長期積立しながら短期売買もするということは、1つの相場、
1つの値動きを、長期と短期の2つの視点から見ることと言い
換えられますので、この意識の切り替えにも慣れが必要です。

　そのため、投資経験が少ない人には、まずは長期積立で投資
に慣れてから、短期売買を始めることをおすすめしています。

　投資に慣れる期間は人によって異なりますが、目安としては
半年、できれば1年くらい長期の積立投資を経験し、少々の値
動きなどに動じないようになってから始めるのがよいでしょう。

2 短期売買用の資金を準備する

　短期売買を始める準備として、それなりのまとまった資金を準備する必要もあります。

　短期戦略の投資資金として、少なくとも30万円は用意しましょう。

　まとまった資金が必要な理由は、金額が多いほど投資効率が良くなるからです。

　仮に3％くらいの利益が取れるとして、投資資金が3万円だと900円にしかなりませんが、30万円なら9000円になります。

　また、長期積立の資産は売却しませんが、短期売買の分は短期間で決済を繰り返します。

　価格が予想した方向と反対の方向に動けばマイナスになり、決済することによって投資資金が減ります。

　連戦連勝が理想ですが、現実はそうはいきません。

　損切り（マイナスになった資産を決済すること）が続くこともありますし、その結果として資金がなくなり、短期売買が続けられなくなる可能性もあります。

　この状態に陥るのを避けるためにも、多少の損に耐えられるだけの資金を準備する必要があるのです。

　30万円という金額を設定したのにはもう1つ理由があります。

それは、金や貴金属の ETF を「空売り」するための資金として、法定最低保証金として、証券会社の口座に 30 万円入れる必要があるためです。

　空売りについては後ほど詳細を説明しますが、簡単にいえば、価格が下がると予想したときに、下がるほうに投資し、下がった分が利益になる仕組みです。

　この取引は証券会社の信用取引口座という口座を使い、この口座で空売りなどの注文を出すためには、保証金として最低 30 万円必要になるのです。

　この資金をつくるためにも、長期積立で投資に慣れる時間を活用するのがよいと思います。

　前章で紹介した私のポートフォリオを踏まえるのであれば、短期売買に使う資金は投資資金全体の 10 〜 30％です。

3

短期と長期で
別の口座をつくる

　短期売買用の資金が準備できたら、短期売買用の口座も開設しましょう。

　短期売買用の口座は、証券会社の信用取引口座です。

　ポイントは、長期積立の口座と別の口座にすることです。

　長期積立分は月々機械的に買い、老後の資金として必要になるまで売りません。

　一方、短期売買の分は短期で売却します。

　両方を同じ口座で売買していると、おそらくごちゃごちゃになってしまうでしょう。

　「長期分は売らず、短期分はきちんと売る」と頭の中ではわかっていても、実際にその通りに実行するのは難しいものです。

　ごちゃ混ぜになるミスとしてよくあるのは、短期売買で買ったETFなどが値下がりし、損が出るのを嫌ってそのまま持ち続けてしまったり、値上がりしたときに長期の分まで売ってしまったりするケースです。

　このようなミスを繰り返していくと、老後に向けて着々と資産を貯める計画が狂います。

　それを避けるために最も有効なのが長期用と短期用の口座を分け、物理的にごちゃ混ぜにならないようにしておくことなのです。

信用取引の仕組み

　では、信用取引口座とはどういうものなのでしょうか。

　まずは信用取引の仕組みを押さえておきます。

　信用取引は、証券会社に現金や株を保証金として預け、ETF を含む株を売買する取引です。

　前章で説明した金の ETF などの積立は、証券用語では株の現物取引といい、買った株などを長期で保有できます。長期積立で使うのも証券会社の現物口座で、ここに毎月買う ETF を貯めていきます。

　一方、信用取引口座で買う ETF は、原則として半年以内に決済することになっています。

　期間限定で ETF を持ち、その間の値動きで発生した利益が儲けになる仕組みです。

　例えば、金の ETF である SPDR ゴールド・シェア（証券コード 1326）を 1 万 8000 円で 10 株買い、1 ヶ月後に 2 万円に上がった場合、手数料と金利を別として、約 2 万円の利益（値上がり分 2000 円× 10 株）が得られます。

　この利益が、あらかじめ証券会社に預けてある現金に加算されます。

　1 万 8000 円で 10 株買った ETF が 1 万 6000 円に下がった場合は約 2 万円の損失が発生し、この分も同様に保証金で精算します。

　ちなみに、保証金が 30 万円で 2 万円の損失が出ると、保証

金が28万円になり、最低必要保証金として必要な30万円を下回ります。この場合、入金して30万円以上に戻すまで、次の売買注文は出せなくなります。

3章で紹介した長期積立投資と、ここで紹介した短期の信用取引とでは、まったく考え方が異なります。

長期積立で買っている現物投資のETFは、買った価格より値下がりしたとしても損失は確定しません。

含み損（現状として損が出ている状態）にはなりますが、売却せず、毎月買っていくことにより、基本的には資産の総額は増えていきます。

長期保有していけば、やがて価格が回復し、含み損が消えたり、含み益（現状として利益が出ている状態）に変わったりすることもあるでしょう。

一方で、短期売買で含み損が発生した場合は、最長でも半年以内に決済し、損失を確定させなければなりません。

損失を確定させることにより資産が実際に減ります。

損失を確定させたくなくても、期限がくる前には決済しなければなりませんし、リスク管理の観点から、値動きによっては損失が大きくなる前に損切りしなければならない場合もあります。

この点が長期の現物取引と大きく違うところです。

信用取引は、長期ではなく短期投資に向いている取引方法といえます。

また、長期投資と比べて資産を減らすリスクが大きいため、ある程度投資経験がある人にのみおすすめします。

○── 効率的だが、リスクは大きい

　信用取引について押さえておきたい2つ目のポイントは、資金にレバレッジをかけて取引できるということです。

　レバレッジとは「てこ」のことで、株などの取引では、手持ち資金より大きな額の取引ができることを指します。

　ETFを含む株の信用取引口座の場合、保証金の金額は最低30万円、売買する資産（建玉といいます）の金額の30％以上です。

　この割合のことを委託保証金維持率といいます。

　この条件を満たしていれば、30万円を保証金として預けることにより、最大100万円の売買ができます。

　この仕組みは少額の資金で大きな取引ができるため、資金効率がよくなるというメリットがあります。

　30万円の現物取引で3万円の利益が得られた場合、同じ取引を信用取引でレバレッジをかけていれば、100万円分の売買によって10万円の利益が得られる可能性があるからです。

　このとき、信用取引口座で買う建玉のことを、買い建玉やロング・ポジションとよびます。

　ただし、取引金額が大きくなる分だけリスクも大きくなります。

　30万円の現物取引で3万円の損失が出る売買をした場合、信用口座で100万円分の取引をしていたとしたら10万円の損失が発生するからです。

　仮に30万円の保証金で10万円の損失が発生すると、保証金30万円という条件を満たさなくなりますので、それ以降の

取引が制限されます。

　また、このときの損失は、決済して確定した損失だけでなく、含み損も含まれます。

　例えば、保証金30万円で100万円分のETFを買ったときの委託保証金維持率は30%（30万円÷100万円）です。

　しかし、100万円で買った買い建玉が90万円に値下がりすると、含み損の状態でも保証金が10万円減ったことになり、委託保証金維持率は20%（20万円÷100万円）に下がります。

　また、建玉のマイナスによって保証金が建玉の総額の30%を下回ると、追加の現金を預けるか、委託保証金が30%に回復するように建玉の一部を決済しなければなりません。

　それが期日内にできない場合は証券会社が強制的に建玉を決済します。

　この状態のときに発生する保証金の不足分を追証（追加保証金）といいます。

　保証金に対して建玉の金額が大きく、委託保証金維持率が低いほど、追証が発生する可能性は大きくなります。

　相場の急変によって大きな含み損が生まれれば、一気に30%を割り込んでしまう可能性もあります。

　そのため、信用取引では建玉の金額管理に細心の注意が必要です。

　レバレッジを使いながら資金効率を高めることは重要ですが、それ以上に、自分が許容できるリスクを超えていないかどうか確認しつつ、保証金として預けている資金を守る意識を持つことが重要なのです。

値下がり局面でも
利益を狙う

「信用取引はリスクが大きい」

「短期売買も現物取引で十分」

　そう考える人もいるでしょう。

　リスク管理の点から見ると、その通りです。

　30万円を保証金にせず、現物投資の資金として使えば、レバレッジ取引によるリスクは避けられます。

　ただ、レバレッジが使えることのほかに、信用取引を使う重要な理由があります。

　それが前述した「空売り」です。

　空売りは、現時点の価格でETFなどを売り、値下がりしたところで買い戻すことにより、その差額が利益になる取引のことです。

　この取引をするために信用取引口座をつくる必要があるのです。

「最初に売る」という点に違和感を持つ人も多いと思います。

　このETFをどこで手に入れるのかというと、市場から借ります。借りたETFを売り、値下がりしたときに市場で買い戻し、そのETFを貸し手に返します。

　このときの建玉のことを売り建玉やショート・ポジションと言います。

現物投資は値上がりが見込める局面で買うだけですが、信用取引の場合、値上がりを狙う買いだけでなく、値下がりしそうな局面で空売りすることができます。

　つまり、現物投資は金価格などが値上がりするときしか利益が得られませんが、信用取引で空売りを使うことにより、値上がりするときと値下がりするときの両方で利益が狙えるのです。

　金価格は長期的には上がっていくと思いますので（私は5000ドルも狙えると思っています）、老後の生活費として現金化するときにプラスになっていれば長期で積立ている投資については成功といえます。

　ただ、その過程では短期で上下を繰り返します。相場の状況によって一時的に大きく下がることもあるでしょう。

　そのとき、手持ちの長期積立分は値下がりによって価値が下がります。

　しかし、短期的に売り建玉を持っていれば、値下がり分で利益が得られます。

　短期間に起きる上下の変動の中で、上がるときも下がるときも利益が狙えるのです。

5 経済ニュースの読み方

　では、短期売買について具体的に考えてみましょう。

　短期売買では主に金や金関連の ETF を売買します。

　金の現物は購入時の手数料などがかかるため、売買回数が多くなる短期売買には不向きです。

　その点、ETF はコストが安く、市場が開いているときであれば簡単に売買できるため、短期売買に向いているのです。

　まずは買い、または売りのエントリーについて見てみましょう。

　金や金関連の投資商品は、各国の中央銀行の発表によって値動きすることが多いといえます。

　とくに影響を受けるのが米ドルに関する発表で、金価格はマネーサプライと相関性が高いため、金融緩和によって米ドルの供給量が増えると上がりやすくなりますし、金融引き締めで供給量が減ると下がりやすくなります。

　そのため、経済ニュースを見る場合はアメリカの中央銀行である FRB や米ドルに関するニュースを読むことが大事です。

　また、自然災害、政権交代などの政治的なイベント、テロなどの問題にも影響を受けます。

　そのようなニュースを読んだときも金価格の値動きを確認するようにしましょう。

一方、経済ニュースでは毎月定期的に発表される雇用統計や消費者態度指数などの経済指標がありますが、これらのニュースはあまり影響しないと考えています。

　短期売買のタイミングを探る上では、規模が大きく、世界経済に影響を与えそうなニュースに絞ったほうが効率が良いと思います。

　ここで1つ注意したいのは、ニュースを読んですぐに売買してはいけないということです。

　例えば、大きな自然災害などが起きると、経済の先行きに不安を感じた人が金を買い急ぎ、金価格が上がる傾向があります。

　しかし、その情報を見たときには、おそらくすでに早耳の投資家か、自動売買のシステム（アルゴリズム）が金を買っています。

　つまり、情報を見てから動き出しても出遅れる可能性が高く、高値で買ってしまう可能性も大きくなるのです。

　そのため、金価格に影響しそうなニュースは、金価格の上げ下げの予想材料にするのではなく、金価格のボラティリティ（値動きの幅）が大きくなるきっかけととらえるようにしましょう。

　短期売買で利益を得るためには売買が活性化し、値動きが大きくなることが大事です。

　そのきっかけがきたことをニュースによって知った上で、上げ下げの予想はチャートを見て考えることが大事です。

6

チャートのポイント1 「DXY」

　金価格のチャートチェックは、まず米ドル価格の動向から見ていきましょう。

　なぜなら、これまで触れてきた通り、金はお金の一種として認識されている部分があるため、お金という点で競合関係にある金価格と米ドルは逆相関で動くことが多いからです。

　ここでは、米ドル指数（DXY）という指数を使って米ドルの動向を確認してみます。

　米ドル指数は、ユーロ、円、ポンド、スイスフランといった複数の主要な通貨に対して、米ドルがどれくらいの水準にあるかを表すものです。

　DXYと米ドルの価格は連動性があり、DXYが高いときは、米ドルがその他の通貨に対して買われていることを示し、DXYが低いと米ドルが売られていることを示します。

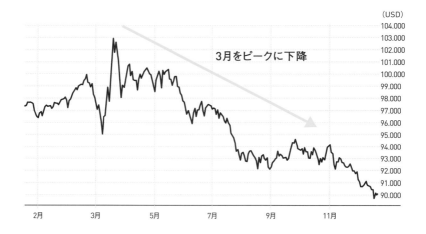

◦ 2020年のDXY（米ドル指数）

(USD)

3月をピークに下降

◦ 出所：TradingView —— *https://jp.tradingview.com/*

　チャートを見ると、2020年3月の終わりごろをピークにして、DXYが下がっています。

　これはドルの価値が下がっていることを示しているため、逆相関で動くことが多い金価格は上がっていく可能性が高いと読むことができます。

　FRBの発表があったときなども、まずはDXYを見て金価格の方向性を摑むとよいでしょう。

チャートのポイント2
「VIX」

　次に、相場全体の状態を見ます。

　そのために使うのがボラティリティ・インデックス（VIX）という指数です。

　VIXは、今後の市場のボラティリティを指数にしたもので、別名「恐怖指数」とも呼ばれ、市場に参加している人たちの不安の大きさを表す指数として使われます。

　VIXが上がるということは「これからボラティリティが大きくなる」と予想する人が増えているということです。

　ボラティリティが大きくなるということは、値動きの方向性が不透明な状態で大きく変動するということですから、このことから、投資家が市場の動向を不安視している、つまり、恐怖を感じていると見ることができるのです。

　VIXと金価格の関係は、金が「有事の金」であり、相場環境が悪化するときに買われることが多いため、相関性があるといえます。

◦ **コロナショックの時のVIX（恐怖指数）**

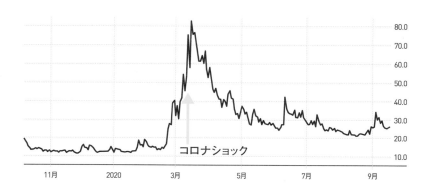

コロナショック

● 出所：TradingView — *https://jp.tradingview.com/*

　直近のチャートを見ると、相場が安定しているときには20前後で推移しているVIXが、コロナショックで80以上まで上がっていることがわかります。

　また、月足チャートで見ると、リーマンショックが起きた2008年から2009年にかけて急騰していることがわかります。

　これらはいずれも金価格が上昇したときです。

　その関係性を頭に入れた上で、経済ニュースなどによってVIXが上がり始めているのを確認したら、短期で金を買うチャンスと考えてよいでしょう。

　その際に1つ注意したいのは、これはあくまでも「金を買う

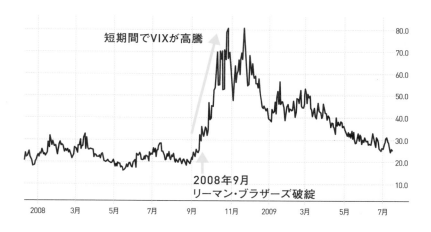

◦ リーマンショックの時のVIX（恐怖指数）

短期間でVIXが高騰

2008年9月
リーマン・ブラザーズ破綻

2008 3月 5月 7月 9月 11月 2009 3月 5月 7月

● 出所：TradingView — *https://jp.tradingview.com/*

チャンス」であり、それがいつも「金以外の貴金属を買うチャンス」にもなるとは限らないということです。

　なぜなら、銀、プラチナ、パラジウムは、金と比べると株式相場との相関性がやや高く、相場が不安定になるほど相関性が強くなる傾向があるからです。

　そのため、VIXが上がり、株価が下がりつつあるときは、金が上がる一方で、銀、プラチナ、パラジウムが下がる可能性はあるのです。

チャートのポイント3 「MACD・RSI・ ボリンジャーバンド」

　米ドルと市場の状態を確認したら、次に金の ETF そのもののチャートを見てみます。

　チャートの読み方は人それぞれで、投資家の数だけ読み方があります。

　そのため、ここでは私が使っている指標を例にして、チャートの基本的な見方を踏まえていきます。

　私が常に確認している指標は、MACD、RSI、ボリンジャーバンドです

● MACD

　MACD は、移動平均線を 2 本使って値動きのトレンドを見る指標です。

　MACD の設定パラメーターは 3 種類あります。

「短期 EMA」「長期 EMA」「MACD シグナル」です。

　一般的には、短期 EMA を 12、長期 EMA を 26、MACD シグナルを 9 と設定している投資家が多いです。

　ちなみに、パラメーターを小さくするほど、相場の変動に敏感な設定になります。

　例えば、短期間で売買を繰り返す投資家の中には、短期

EMA を 6、長期 EMA を 13、MACD シグナルを 4 といった
ように、上記の半分の設定を活用している人もいます。

　見方としては、2 本の線が上向きのときは上昇トレンド、下
向きのときは下降トレンドで、線の向きが変わったところをト
レンドの転換点と見ます。
　また、2 本の線は、上昇トレンドのときは中心線より上、下
降トレンドのときは中心線より下で推移し、トレンドが長くな
るほど中心線から離れます。
　ピンポイントで買い時、売り時を見るときは、先行している
線と遅行している線の交差を見ます。
　遅行している線が先行している線を下から上にクロスすると
きは、下降トレンドから上昇トレンドに変わるサインとなるた
め、買うタイミングです。
　一方、遅行している線が先行している線を上から下にクロス
するときは、上昇トレンドから下降トレンドに変わるサインで
すので、空売りのタイミングと判断します。
　さて、この基本を踏まえて実際のチャートを見てみます。

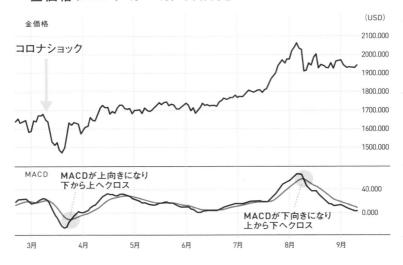

○ 金価格（2020年3月〜9月）のMACD

金価格

コロナショック

MACD

MACDが上向きになり
下から上へクロス

MACDが下向きになり
上から下へクロス

3月　　4月　　5月　　6月　　7月　　8月　　9月

(USD)
2100.000
2000.000
1900.000
1800.000
1700.000
1600.000
1500.000

40.000
0.000

● 出所:TradingView　*https://jp.tradingview.com/*

　2020年のチャートを例にすると、金価格がコロナショック
で急落したのち、価格が上がっていくポイントから、MACD
が上向きに変わっていることがわかります。

　トレンド転換を示唆する上向きのクロスも発生しています。

　また、金価格が2000ドルを超えて反落するタイミングで、
MACDが下向きに変わっていることもわかります。

　ここでは下降トレンドへの転換を示唆する下向きのクロスが
発生しています。

　いずれの場合もトレンド転換を示しますので、MACDが上
向きのときは買い、下向きなら空売りでエントリーする根拠に
なります。

─────○ RSI

　RSI は、今の価格が買われすぎか売られすぎかを示す指標です。

　パラメーター（期間）は 14 に設定するのが一般的です。

　見方はシンプルで、RSI の線が半分（50）より上にあるときは買い手の力が強く、下にあるときは売り手の力が強いことを示しています。

　そして、上（100）に近づくほど過大評価されている確率が上がり、下（0）に近づくほど過小評価されている確率が上がることを示しています。

　買い時、売り時のポイントを探す場合は、RSI が 0 または 100 に近づいたときを狙います。

　一般的には 70 を超えたら買われすぎと判断し、空売りを検討します。

　逆に 30 を下回った場合は売られすぎと判断して買いを検討します。

　価格は常に上下を繰り返しますので、一方的に買われ続けることもなければ、永遠に売られ続けることもありません。

　その前提に立って、買われすぎたときは反発して値上がりに転じ、売られすぎたときは反落して値下がりに転じると予想できるわけです。

　では、チャートを見てみましょう。

○ 金価格（2020年3月〜9月）のRSI

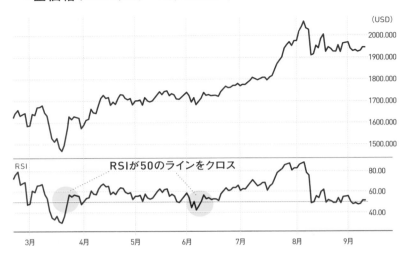

● 出所：TradingView —— *https://jp.tradingview.com/*

　コロナショック時のRSIを見ると、30まで下がっていることがわかります。また、その後の上昇トレンドで2000ドルを超えたときは90まで上がっていることがわかります。

　この数値を見ることにより、反転を狙った逆張りのエントリーが準備しやすくなるわけです。

　ただ、相場が荒れているときなどはRSIの動きも荒くなり、70以上、30以下に入ることが多くなります。

　金価格が2000ドルに向かっている局面を見ても、1900ドルを超えたときにRSIは70を超えていますが、その後もさらに価格は上がり、RSIは90まで上がっています。

　一般的なセオリーで70のときに空売りをしていたら、そこ

から 100 ドル分以上の損が出たということです。

　そこで私の場合は、70 や 30 のラインよりも、RSI の向きが上向きか下向きか、また、中間点である 50 を抜けたかどうかに着目して、価格の方向性を予想する根拠にしています。

ボリンジャーバンド

　ボリンジャーバンドは、統計学を応用して値動きが収まる幅（値幅）を計算したものです。

　パラメーターの「期間」は 20 にするのが一般的です。

　ボリンジャーバンドは、一般的には移動平均線と、σ（シグマ）と呼ばれる上下 3 本ずつの線を使います。

　3 本の線は、移動平均線から近いほうから 1σ、2σ、3σ とよび、これらの線は、価格がその線の内側に収まる確率を示しています。

　具体的には、上下ともに 1σ の範囲内に価格が収まる確率は約 68.3%、2σ の範囲内に収まる確率は約 95.4%、3σ の範囲内に収まる確率は約 99.7%です。

　言い方を変えれば、価格が急騰または急落するなどして 1σ の外側に出る確率は約 31.7%、2σ の外側に出る確率は約 4.6%、3σ の外側に出る確率は、統計上 0.3%しかないということです。

　価格は常に買い手と売り手のバランスで動き、買われすぎたときは売られ、売られすぎたときは買われます。

　そのため、1σ、2σ、3σ と価格が外側に向かっていくほど、上がっているときは空売り、下がっているときは買う逆張りの

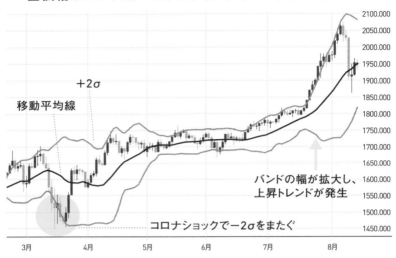

○ 金価格（2020年3月〜9月）のボリンジャーバンド（2σ）

+2σ

移動平均線

バンドの幅が拡大し、
上昇トレンドが発生

コロナショックで−2σをまたぐ

3月　　4月　　5月　　6月　　7月　　8月

● 出所:TradingView ── *https://jp.tradingview.com/*

エントリーで勝てる確率が高くなります。

　チャートを見ると、コロナショック時の下落で金価格は−2σ
をまたいでいます。
　これは−2σで反転するわかりやすい例といえるでしょう。
　つまり、コロナショック時の急落は、統計上は異常値だった
ことがわかります。
　その後の上昇トレンドでは、1800ドルを超えたころから2σ
を超え、そのまま2σと一緒に価格も上がっています。
　これは、2σで反転せず、逆張りで失敗するパターンです。
　価格がバンドとともに一緒に動いていく状態をバンドウォー

クと呼びます。

　1日以上に渡って、バンドから価格がはみ出しているときは、外れ値の可能性が高いので気をつけてください。

　では、逆張りが有効になるときとならないときはどう判断すればよいのでしょうか。

　注目してほしいのは、バンドの幅が広がったり狭まったりしていることです。

　バンドの幅が狭いときは値動きの幅が小さいことを表し、バンドの幅が広いときは値動きの幅が大きいことを表します。

　バンドが広いときや広がっているときはトレンドが発生している可能性が高く、安易に逆張りでエントリーすると大きく損する可能性があります。

　このチャートでも、2σを超えた1800ドル付近で逆張りしてしまうと、そのまま2000ドル以上に達するまで損失が広がってしまいます。

　そのため、ボリンジャーバンドを見て売買する場合は、まず幅の変化を見ることが大事です。

　幅が狭ければ値動きも小さくなるため、上がっても下がっても、それほど大きなボラティリティは狙えません。

　価格が移動平均線から離れるほど反転する可能性も高くなるため、この場合は逆張りが有効です。

　一方、幅が広いときや広がっているときは大きなトレンドが発生している可能性が高くなります。

　この場合は逆張りは控えたほうがよいでしょう。

すでに買い建玉（ロング・ポジション）か売り建玉（ショート・ポジション）を持っている場合は、ボリンジャーバンドを決済のタイミングとして活用するのもよいと思います。

例えば、私が持っている買い建玉で利益（含み益）が出ているときは、2σを超えたところで半分くらい決済し、利益を確定させます。

残りの半分は、うまくバンドウォークに乗れればそのまま持ち続けますし、価格が反転したり、バンドの幅が狭くなってきたら決済します。

2σを超えて価格が反転した場合、「全部売っておけばよかった」と思うかもしれません。

さらに利益が伸びた場合は「半分売ったのは失敗だった」と思うでしょう。

しかし、値動きを当てることはできず、価格の天と底を当てることも不可能です。

2σを超えるということは、統計的には異常なことですので、そのタイミングで半分くらいは利益を確保するのがよいと思います。

9

移動平均線の見方とトレンドラインの引き方

　チャートを使う分析では、おそらく最も有名な指標が移動平均線だと思います。

　私の場合、MACD、RSI、ボリンジャーバンドをより重要視していますが、移動平均線についても説明しておきましょう。

◯　移動平均線

　移動平均線は、過去の値動きの平均を示すものです。

　そのため、移動平均線が上向きなら上昇トレンド、下向きなら下降トレンドと判断できますし、今の価格と移動平均線を比べて、価格が上なら買い手の力が強く、価格が下なら売り手の力が強いことがわかります。

　また、金やそれ以外の貴金属のチャートを見比べることで、どれが強く、どれが弱いかを判断することができます。

　例えば、2020年7月上旬に金、銀、プラチナ、パラジウムのうち、どれかを短期で買おうと考えたとします。

　それぞれのチャートを確認してみると、例にあげたチャートでは4つとも上昇していますが、移動平均線（50日線）との距離に違いがあります。

○ 金価格の移動平均線

○ 銀価格の移動平均線

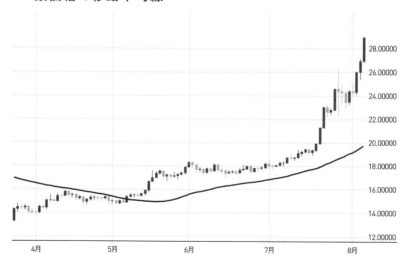

● 出所:TradingView ─ *https://jp.tradingview.com/*

○ プラチナ価格の移動平均線

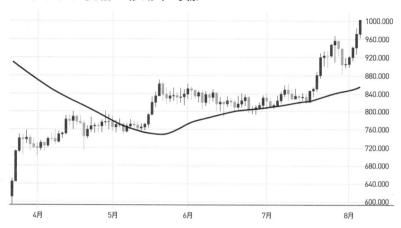

○ パラジウム価格の移動平均線

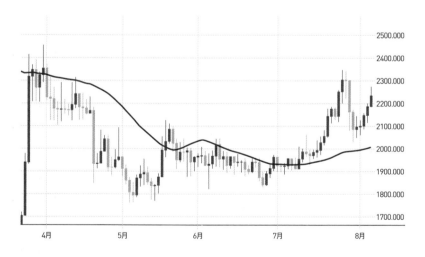

● 出所:TradingView —— *https://jp.tradingview.com/*

金と銀は移動平均線と距離がありますが、プラチナは移動平均線に近く、パラジウムは移動平均線の上にいます。

　この状況を見比べて、仮に予想通りに価格が上昇していくとすれば、パラジウムやプラチナより、金と銀のほうが大きく取れる可能性があると考えることができるわけです。

　ちなみに、移動平均線に限らず、チャート分析に使う各種指標は、パラメーターを自由に設定できます。

　ただ、私は本書で紹介するパラメーターを使うのがよいと思っています。

　移動平均線なら、日足チャートを使い、200日、100日、50日の移動平均線を見ます。

　なぜこの3つのパラメーターにするかというと、これらは国際的なトレーダーたちが使っている代表的なパラメーターだからです。

　つまり、200日、100日、50日の移動平均線を見て売買を判断している人が多いということです。

　指標の見方は基本的には全てのトレーダーが理解していますので、多くの人が見ているほど、「ここで買おう」「ここで売ろう」といった判断をする人の数も多くなります。

　移動平均線が上向きに変わったり、MACDでトレンド転換のサインが出ると、そのチャートを見て「買い時」と判断し、買い注文を出す人の数が多くなり、価格が上がりやすくなります。

　一般的で代表的なパラメーターを使うことで、その波に乗りやすくなるのです。

パラメーター設定の１つの工夫として、コロナショック時のように値動きが早いときは、MACD のパラメーターを小さくするのもよいと思います。

　相場が急落するときは、下落スピードが速いだけでなく、戻るスピードも速くなる傾向があります。

　この短期間で効率よく利益を獲得するためには、トレンド転換や売買のサインをより早くつかむことが大事です。

　そのため、パラメーターの数値を小さくして、通常時よりも早くサインが出るようにしておくことがポイントとなるのです。

── ◯　トレンドライン

　ここで紹介した指標の見方に慣れてきたら、トレンドラインにも挑戦してみましょう。

　トレンドラインは、値動きの方向性を見るために、自分でチャートに書き入れる線のことです。

　線の引き方は自由です。

　何本でも書き入れることができます。

　線の引き方としては、チャートの中の高値と高値、安値と安値を結んで線を引くのが一般的です。

◦ トレンドラインの引き方（2020年3月〜11月の金価格）

◉ 出所：TradingView ── *https://jp.tradingview.com/*

　実際に線を引いてみると、高値や安値を結んだトレンドラインで値動きが反転しているケースがよく見られます。

　このようなポイントをトレンドラインによって把握しておくことにより、下落時は買い時、上昇時は売り時の目安をつけやすくなります。

　このとき、価格の上昇を止める天井のような役割をしているトレンドラインは抵抗線（レジスタンスライン）、価格の下落を止める底のような役割をしているトレンドラインは支持線（サポートライン）と呼びます。

　また、レジスタンスラインは、ラインにぶつかって下落に転じている回数が多いほど信頼度が高くなり、サポートラインも

同様に、ラインにぶつかって上昇に転じている回数が多いほど信頼度が高くなります。

　もちろん、レジスタンスラインやサポートラインが永遠に機能することはなく、どこかのタイミングで価格がラインを超えていきます。

　レジスタンスラインを超えて上昇したり、サポートラインを超えて下落したりするということです。

　このようなときは、ラインの信頼度が高い（ラインにぶつかって反転する回数が多い）ほど、抜けた後の値動きが勢いづく傾向があります。

　サポートラインを例にすると、ラインの信頼度が高いほど「ここで反発して上がっていくだろう」と予想する人が増えます。その結果、ライン近辺で買う人が増えます。

　しかし、価格がラインを下に抜けると、ライン近辺で買った人たちが慌てて売ります。

　その売りが下降を勢いづけ、ラインを抜けた後の下落する力が強くなるのです。

10 相場急変時の売買

　では、ここまでに見てきた流れを踏まえて、実際の売買を考えてみます。

　再度、流れを確認しておくと、まずは、金価格に影響しそうなニュースや動向がある場合は、DXY で米ドルの動きを把握し、次に VIX で相場全体の動きをつかみます。

　全体像をつかんだら、チャートでエントリーする商品と、エントリーのタイミングを見つけ出します。

　チェックするのは、主に MACD、RSI、ボリンジャーバンドの３つです。また、確認のために最後に移動平均線も見ています。

　この流れを踏まえて、例としてコロナショック時のチャートを振り返ってみましょう。

　まず金価格の動きを確認すると、２月の終わりから３月の初めにかけて値動きの幅が大きくなり、相場が荒くなりました。

　ボラティリティが大きいときは短期売買のチャンスですから、この変化を見て売買のタイミングを検討します。

　価格が大きく下がったのは３月 13 日前後でした。

　このときの DXY を見ると、急速に上がっています。DXYが示す米ドルの価値と金価格は逆相関ですので、ここは金を含

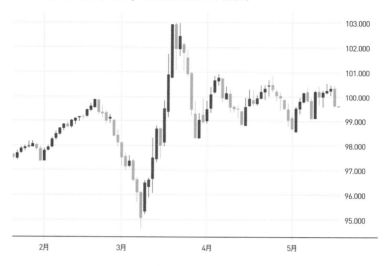

○ コロナショックの時のDXY（米ドル指数）

● 出所：TradingView ── *https://jp.tradingview.com/*

む貴金属の価格が下がるだろうと予想できます。

　ただし、コロナショックのときのように、時として、金とドルは短期的に同じ方向に動くことがあります。

　これは一時的な変動である場合が多く、長期的に見れば、金とドルは逆変動するという認識を持ち続けてよいでしょう。

　次に VIX を見ると、3 月 13 日時点ですでに 70 以上の数値まで上がっています。

　VIX は株式相場の不安を表しますので、このチャートを見る限りでは、金と比べて株式相場と相関性が高い、銀、プラチナ、パラジウムの価格は下がるか、すでに下降トレンドに入っている可能性が高いと判断できます。

○ コロナショックの時のVIX（恐怖指数）

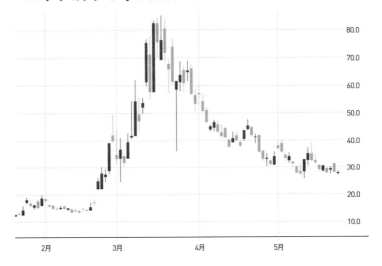

● 出所:TradingView　　https://jp.tradingview.com/

　3月13日時点では、DXYとVIXが共に上昇していること
を考慮すると、このタイミングで金などを買うのはリスクが大
きい売買です。

　相場が荒れているときは「有事の金」で金を買うのが基本な
のですが、チャートを踏まえて考えると、このタイミングでの
金や貴金属買いはよくないと判断できるわけです。

　もちろん、これはあくまで短期投資に限った話であり、長期
投資とは関係がありません。

　金価格を分析する際には、他の貴金属と比較することがおす
すめです。

金とその他の貴金属の価格の比率を分析して、売買をしている投資家たちも少なくありません。たとえば、プラチナを買うときに、金をヘッジ目的で売るという投資家もいます。

　2章でお話ししたとおり、金は歴史的に見て、供給量が安定しているため、他の貴金属と比較して、景気と連動しにくいという特徴をぜひ覚えていてください。

　実際にコロナショックが起こると、それ以前はおおよそ「1:0.65」だった金とプラチナの価格比が、コロナショック直後の3月中旬には、「1:0.4」まで変動しました。

　もちろんこれは金に対して、プラチナがよりたくさん売られたということです。

　さて、実際に次のチャートを見てみましょう。コロナショック後の金銀比価です。

　金と銀との比較では、銀が売られることによって金の価値が相対的に上昇しています。

　ここではすべてのチャートを紹介することはしませんが、プラチナとパラジウムも同様に、金より売られて、金に対して価値が低くなっていました。

　このことから、短期売買をするのであれば、金を含む貴金属の空売りがよく、その中でも、株式相場と連動してさらに下落する可能性が高い、銀、プラチナ、パラジウムがよいのではないかという戦略が見えてきます。

○ コロナショックの時の金銀比価（金価格／銀価格）

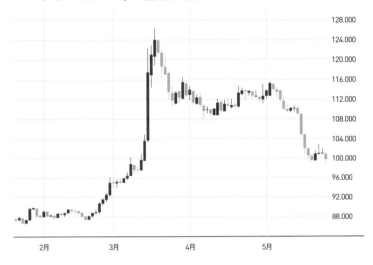

● 出所：TradingView ── *https://jp.tradingview.com/*

───────○ **個別チャートで売買を判断**

　次に、空売り候補として浮かんできた、銀、プラチナ、パラジウムを検討します。

　本書ではプラチナのチャートを例にしてみたいと思います。

　次のチャートを見てください。

◦ コロナショックの時のプラチナ価格の分析

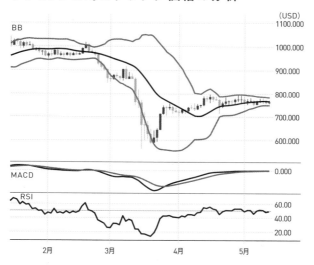

● 出所:TradingView ── *https://jp.tradingview.com/*

　3月13日時点でMACDは下向きなので、下降トレンドといえます。

　RSIを見ると、RSIは下向きで、すでに50も下回っています。

　このことからもプラチナが下落トレンドであることがわかります。

　ボリンジャーバンドを見ると、12日の時点で価格が-2σにぶつかっていますので、セオリーとしては逆張りで買うという判断になるでしょう。

　しかし、バンドの幅が急激に広がっています。

　この状況では、逆張りではなく順張りの空売りがよいと言えます。

ちなみに、空売りを買い戻す手仕舞いのタイミングとしては、MACD が反転して上向きになったら買い戻します。

　価格がボリンジャーバンドの内側に入るタイミングで半分を買い戻す検討をしてみるのもよいと思います。

　この例の場合は、3 月 23 日に MACD が上向きに変わり、26 日に上向きのクロスが発生しました。

　また、相場が急変している際には、MACD のパラメーターを小さくすることも工夫の一つです。

　先ほどお話ししたように、パラーメーターを小さくするほど、相場の変化に敏感な設定になります。

───◯ クラッシュから数ヶ月後の売買

　さて、もう 1 つの例を紹介します。

　短期売買で買うパターンも見てみたいと思います。

　私は自分の YouTube チャンネルの 7 月 9 日の動画で、金価格が 1750 から 1780 ドル付近を超えたころから、短期の買いをおすすめしました。

　その理由は、金価格が短期のレジスタンスラインを超えようとしていたためです。

○ 2020年7月の金価格

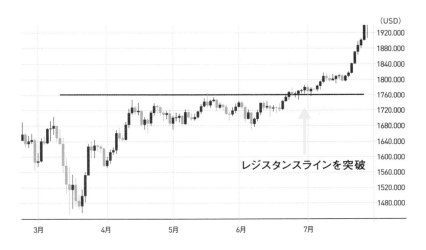

レジスタンスラインを突破

(USD)
1920.000
1880.000
1840.000
1800.000
1760.000
1720.000
1680.000
1640.000
1600.000
1560.000
1520.000
1480.000

3月　　4月　　5月　　6月　　7月

● 出所：TradingView　*https://jp.tradingview.com/*

　このときの金価格は、すでにコロナショック後の回復で高値
圏にありましたので「この価格で買うのは高い」と考えた人も
多かっただろうと思います。

　YouTube のコメントでも「ここで買い？」「高いのでは？」
といったコメントがありました。

　しかし、重要なのは「高い」「高そう」といった感覚ではな
く、チャートが示す客観的なデータです。

　では、チャートはどうなっていたのでしょうか。

　先ほどと同じ手順で7月9日時点のチャートを確認してみま
す。

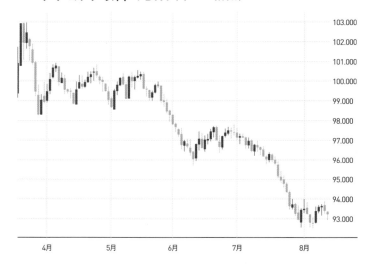

○ コロナショック以降のDXY（米ドル指数）

● 出所：TradingView　*https://jp.tradingview.com/*

　まずDXYです。

　DXYは4月から5月まで100前後で推移していますが、6月から下がりはじめました。

　米ドルの価値が下がるということは、金価格は上がる可能性が高いということです。

　これは、今の価格が高いかどうかという感覚とは関係なく、金を買う根拠の1つといえます。

○ コロナショック以降のVIX（恐怖指数）

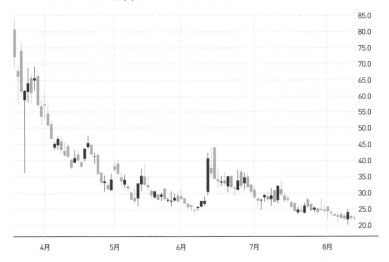

● 出所：TradingView　*https://jp.tradingview.com/*

　次にVIXです。

　VIXは、コロナショック時に大きく上昇し、徐々に平時の水準に戻ってきていました。6月に入ってから一度上がりますが、すぐに落ち着き、7月9日時点で28前後です。

　VIXと金価格は相関性がありますので、このチャートからは買いのサインは読み取れません。

　ただ、通常時のVIXは20前後ですので、その水準よりは高い状態で推移しているといえます。

　それでは、金のチャートはどうなっていたでしょうか。

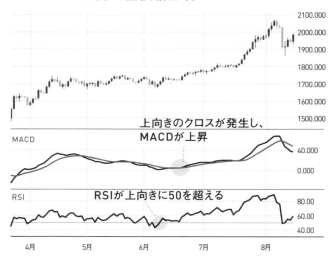

○ コロナショック以降の金価格分析（MACD・RSI）

上向きのクロスが発生し、MACDが上昇

RSIが上向きに50を超える

● 出所:TradingView — *https://jp.tradingview.com/*

　MACD を見ると、6月に上向きのクロスが発生し、MACD が上昇し始めていました。

　これは上昇トレンドに入った可能性が高いことを示しますので、このチャートからは買いと判断できます。

　RSI も、6月から 50 を超えて推移するようになり、7月からは 60 以上で推移しています。

　これは買い手の力が強いことを表すとともに、70 以下ですので、まだ過熱感もないことを示しています。このチャートも金が買い時であることを示しました。

○ コロナショック以降の金価格分析（ボリンジャーバンド：2σ）

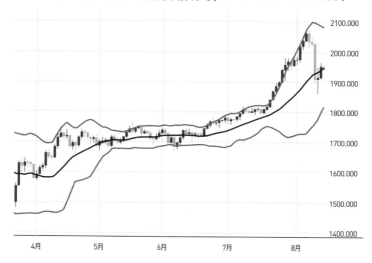

● 出所：TradingView　*https://jp.tradingview.com/*

　ボリンジャーバンドは、7月9日時点では幅が狭く、ボラティリティが小さいことを表しています。

　短期売買で効率よく稼ぐためにはボラティリティが大きいほうがよいため、この状態から見ると短期売買はいまいちです。

　ただ、その後は何度か2σにぶつかり、バンドを押し上げるような形で推移していきました。

　最後に、移動平均線を確認します。

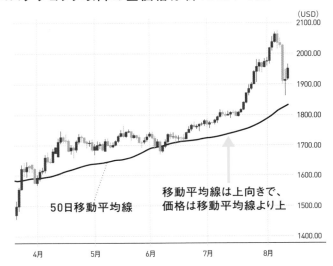

○ **コロナショック以降の金価格分析（移動平均線）**

50日移動平均線

移動平均線は上向きで、
価格は移動平均線より上

● 出所：TradingView *https://jp.tradingview.com/*

　7月9日時点の50日移動平均線は上向きで、価格は移動平均線の上にあります。

　このことから、金価格は上昇トレンドである可能性が高く、その点から見ても短期の買いは稼げる期待値がある売買だと判断できます。

　これらの客観的なデータを総合的に見ると、7月9日時点において短期で買う選択肢は十分ありえると思いました。

　そのような判断を踏まえて、GLD、IAU、日本市場なら1326の短期の買いをおすすめすることになったのです。

スキルを高めて
投資を楽しもう

　短期売買は、老後に向けた資産づくりという点から見ると、必ずやらなければならないものではありません。

　もちろん、自己判断、自己責任が大前提です。

　しかし、うまく活用することで投資パフォーマンスはよくなりますし、自分の投資スキルも向上するはずです。

　長期積立のように淡々と買っていく投資と違い、短期売買には様々な方法があり、様々な工夫ができます。

　最初は難しく感じるかもしれませんが、経験することで慣れます。

　勝つときもあれば負けるときもあり、成功と失敗の両方から学ぶこともあるだろうと思います。

　また、ここでは私が実践している売買方法を紹介しましたが、「もしかしたらこんな方法がよいかもしれない」と感じるアイデアがあれば、実践し、効果を検証してみてください。

　ここで紹介したチャートの見方や指標の活用方法などは金投資以外にも応用できますので、株の売買などでも使ってみてはいかがでしょうか。

　投資の選択肢が増え、投資できる商品が広がることで、投資はもっと楽しくなるはずです。

資産を守るために大切な 3つの考え方

　最後まで読んでいただき、ありがとうございます。

「金投資って面白そうだな」

「少し買ってみようかな」

　そんなふうに思ってくれる人が増えるきっかけになれば嬉しく感じます。

　大事なのは「始めてみること」と「続けること」です。

「始めてみること」に関しては、金に限らず、投資にはお金が減るリスクがあります。

　このリスクは完全にゼロにすることはできません。

　投資はあくまで自己責任であることを忘れないでください。

　ただし、もしあなたがまだ投資を始めていないのであれば、このまま投資しないままでいることは、あなたの人生にとって大きな機会損失になるでしょう。

　本書の冒頭でもお伝えしましたが、投資期間が長くなれば長くなるほど、複利効果によって資産が雪だるま式に大きくなっていくからです。

　投資で得た収益を再投資するというサイクルを繰り返すこと

で、運用額が膨らんでいき、得られるリターンも大きくなっていきます。

　ですので、投資初心者の方は、ぜひ4章で紹介した長期投資から始めてみてください。

　現在のように歴史的に低金利で、マネーサプライが増えている状況では、小さな失敗を恐れて投資を遠ざけることのほうが、あなたの人生にとって大きなリスクになると、私は考えています。

「続けること」については、どんな失敗をしたとしても、投資を続ける資金がゼロにならなければ次の投資ができます。

　投資はギャンブルとは違います。

　投資に失敗はつきものですが、そこから学び取れることがあれば、失敗だって投資の技術を磨く機会になります。

　そう考えれば、投資のリスクは成長の機会と言い換えてもよいでしょう。

　重要なのは、大きく儲けることより、長く儲け続けることです。

　そのためにも、一度の失敗で資金を失ってしまうような事態だけは避けてほしいと思います。

　その観点から、本書の最後に、資金を守るための思考法についてお伝えしたいと思います。

　資金を守る1つ目のポイントは、戦略を持つことです。

　投資は秩序が必要です。自分なりのルールを作り、守ることが重要です。

一度の失敗で資金をなくしてしまう人にはそれがありません。

　ネットの噂を信じて買ったり売ったりする人がこのタイプと言えるでしょう。

　そうなってしまわないように、きちんと戦略を立てましょう。

　買うなら、買った後どうするのか、あらかじめ考えておきます。

　失敗したときは原因を考えて、失敗を繰り返さないためのルールを作り、次の売買に生かします。

　売買した理由をきちんと把握できるように、投資のノートや日記を作り、記録しておくのもよい方法だと思います。

　資金を守る2つ目のポイントは「落ちるナイフ」に手を出さないことです。

　コロナショックなどによって株価がバーゲンセールになると、つい「安い」と思って手を出したくなるものです。

　しかし、それはギャンブルです。非常に危険な賭けです。

　着実に資金を増やすのであれば、安く買えるタイミングではなく、値動きのトレンドを見ましょう。

　下落が落ち着き、上昇トレンドに変わってから買えば、大金を失うリスクを避けつつ、利益を狙うことができるのです。

　資金を守る3つ目のポイントは、失敗したときに「失敗だった」と認めることです。

　個人的には、これがもっとも重要なポイントだと思います。

　自分に自信を持っている人ほど、自分の間違いがなかなか認められないものです。

この傾向は賢い人や社会的地位が高い人ほど強く、過去の成功体験が驕（おご）りとなり、自分の判断が間違っているはずがない、と思ってしまうのです。

その結果、損切りできなくなります。

損している銘柄を買い増しして、さらに傷を広げてしまいます。

人間は神ではありませんから、値動きを完璧に読むことはできません。

最安値で買い、最高値で売ることもできません。

それを大前提とした上で、間違えることを恐れず、間違いを素直に認められる人が、資金を守れる人であり、資産を増やせるのだと思います。

以上の3点を意識して、素晴らしい投資家になってください。

私自身も引き続き投資を学び、学んだことやマーケットを見ていて気づいたことなどは、私のYouTube「Dan Takahashi 高橋ダン 日本語チャンネル」で発信していきます。

https://www.youtube.com/c/ダン高橋DanTakahashi

さらなる投資のアイデアを知りたい人はぜひ見てみてください。

最後になりますが、本書の出版にあたり、尽力ご協力くださった方々、アメリカと日本の家族、ダイヤモンド社の皆様に、感謝の意を表します。

高橋ダン

［著者］

高橋ダン（たかはし・だん）

1985年、東京生まれ、日本国籍。10歳までの多くを日本で過ごす。その後、アメリカに移り、12歳で投資を始める。21歳のとき、コーネル大学をMagna Cum Laude（優秀な成績を収めた卒業生に贈られる称号）で卒業。
ニューヨークのウォール街で19歳のときにインターンとして2年間働く。その後、フルタイム勤務を開始し、投資銀行業務、取引に従事する。26歳でヘッジファンド会社を共同設立し、30歳で自身の会社の株を売却、その後シンガポールに移住。約60か国を旅し、2019年秋に東京に戻る。
2020年1月にYouTubeでの動画投稿を本格始動し、わずか3か月でチャンネル登録者数が10万人を超える。納豆と筋トレをこよなく愛する。

高橋ダンYouTubeチャンネル登録者数34万人
Dan Takahashi YouTube英語チャンネル登録者数8万人
　（2021年1月現在）

超カリスマ投資系YouTuberが教える
ゴールド投資
——リスクを冒さずお金持ちになれる方法

2021年2月16日　第1刷発行
2021年3月2日　第2刷発行

著　者——高橋ダン
発行所——ダイヤモンド社
　　　　　〒150-8409　東京都渋谷区神宮前6-12-17
　　　　　https://www.diamond.co.jp/
　　　　　電話／03·5778·7233（編集）　03·5778·7240（販売）

ブックデザイン——小口翔平＋加瀬梓＋大城ひかり（tobufune）
カバー撮影——榊智朗
執筆協力——伊達直太
イラスト——吉場久美子
校正———円水社
製作進行——ダイヤモンド・グラフィック社
印刷———新藤慶昌堂
製本——ブックアート
編集担当——斉藤俊太朗